Encounters with the Gods of Ancient Japan
Introduction to Spiritual Mythology

古事記の神々を読み解く

スピリチュアル神話学入門

長岡造形大学教授
菅原 浩
Hiroshi Sugahara

アルテ

目次

古事記の神々を読み解く

――スピリチュアル神話学入門

登場人物

森本　大学教授。人文学者。
恵梨子《えりこ》　若い女性。

はじめに

森本教授——では、ここでは日本最古の書物と言われる『古事記』の神話を読み解いていく、という話をしていこう。今は、神話ブームとも言われていて、特に、古事記・日本書紀は、学校で教えられていないこともあって、その解説書のたぐいはものすごく出版されているようだ。
恵梨子——学校で習ってないので、どういうものか知りたいという人が多いのでしょうね。
森本——そう、神話というものに対する欲求に今の学校、あるいは今の文化そのものが答えていないところがありそうだね。そしてまた、日本の神様もけっこうブームだね。神社がパワースポットとして人気を集めているだろう？ そういう人は、日本の神様というのは本当にいると思っているのだろうか。
恵梨子——もちろん絶対的な根拠はないけど、何かしらのものはあるのじゃないかという漠然とした感じというか、そういうものですかね。つまり、まったく人間が作り上げた妄想とも言えない、そこには何かがあるという感覚だと思います。
森本——そうそう、文字通りの真実とは言えないかもしれないけど、何かはあるかもしれないという感覚だね。それが多くの日本人に共有されている感性かもしれないね。そこできょう恵梨子さんに来てもらったのは、恵梨子さんは「見えない世界」に対する感性をけっこう持っているという話を聞いたからなんだよ。つまり、何らかの直感を受け取ることがあるわけなんだね？

恵梨子――そうですね。

森本――つまり日本の文化に伝統的な「巫女」の系譜というかな。日本では古代から、女性は見えない世界とつながる力があると考えられていたんだよ。邪馬台国の卑弥呼もそうだったと言われているね。

恵梨子――シャーマンですね。

森本――そうそう。つまり古事記が生まれたときは、日本では基本的に「見えない次元」というものがこの宇宙にはあって、そこには何か人間とは異なる存在があって、そして、人間はまたそういう次元とつながることもできる、という考え方があったわけだね。神話というのはすべてそういう文化の産物だという目で見ていかねばならないわけだ。ハリー・ポッターなどに代表されるファンタジーというのも、そういう世界観を基本として持っている。つまりこういったもののブームは、そういう古代的な世界観へのノスタルジーという面もあるだろう。ある人々は、そういうブームを現代生活からの「逃避」だとして批判しようとする。だがそれは本当にそうだろうか。古代の文化を「そのまま」復活させることは問題外であることはもちろんだ。しかし、そこには何か現代の文化が見失った何か大事なものが隠れているかもしれない、という謙虚な気分で神話に接していくことも必要だろう。つまり、私たち現代人の持っている常識、世界の見方自体が、ある重大な限界を抱えているのではないか、という問いを持つべきだろうということだね。

恵梨子――つまりそれは、見えない次元は「ある」のだ、という意味でしょうか。

森本――はっきり言えばそうなる。今までの多くの「神話学」は、現代人の常識的な世界の見方を疑わず、その枠内で神話を理解しようというものが多かったと言える。つまり、自らの学問のよって立つ根拠自体を疑っていないという限界があったということだ。そういう「近代的学問」という枠内に収まっていては、神話というものの中核はわからないままに終わるのではないかな。これはもちろん神話学だけではなく、それより大きな枠である「宗教学」とか、そういう学問にも向けられるね。つまり、近代的な原理が絶対に正しく、それに従って前近代的なものを理解し、整理していくという営みそのものが、いわば「近代中心主義」という偏見を抱え込んではいないだろうか、ということになる。

恵梨子――ということは、神話学という言葉自体が矛盾かもしれないですね。

森本――そうかもしれない。だからここでやろうというのは、決して、近代人の常識に神話を収めようとすることではない。むしろ、神話の読み解きをきっかけとして、近代を超えていくためのきっかけをつかもうという行動なのだ、と思ってほしい。近代を超えた、新しい世界イメージを描くという発想なしに、神話の本質が理解されることはないのだ。したがってこれは、近代人の常識にとらわれた狭い意味でのアカデミズムを超えていくことでもある。

恵梨子――なかなか壮大ですね……「見えない次元はある」と言い切った上で、それに基づいた神話の読みを敢行するのですね。

森本――そうそう。まあ、こういうふうに「人間は見えない次元とつながることができる」という考え方自体が、近代を超えているわけだけれど。

恵梨子――近代というのはそんなにせまっくるしいんですか？　私にはあたりまえのように感じられるんですけど。

森本――逆に言えば、なぜ「できない」と決めることができるのか、ということでもある。

恵梨子――そうですよね。

森本――それを考えるには、科学史とか、あるいは知識史とかいうような、人間の知識、あるいは「知る」ということについてどのように考えられてきたか、という問題から入らないといけない。それをまともにやっているとそれだけで一冊の本になってしまうよ。だから神話がテーマのこの対話では、詳しいことはできないけど、それでも、そもそも世界というものはどのように考えたらよいのか、という広い意味での「哲学」に関することを同時にやっていかないといけない、とは言えるだろうね。

恵梨子――あまりよくわかりませんが……話が進んでくればだんだんわかってくるでしょうか。

森本――いや大丈夫。実は、恵梨子さんもすでに直観的にはわかっていることを言葉でまとめてみるということだからね。

恵梨子――わかりました。それでは始めていきましょうか。

第一章　宇宙のはじまり

森本――さて、神話について最も基本的なことは、それが「根源とつながる」という意識に発しているということだ。つまり、宇宙とか、自分などが根本的にはどこから来ているのか、何が起源なのかということだ。万物の起源、始源を語るということだね。もちろん科学などでも宇宙の起源について語ってはいるだろう。だが、科学が語るのはあくまで物質次元の宇宙はどのように発展してきたかについて、今の知識をもとにいろいろと推測を重ねた結果だ。

しかし、この世界はなぜこのように存在するかとか、自分はどこから来ているかというのは、本来、哲学の問題だ。いくら科学が発達しても、その問いそれ自体に答えることはできない。というのは科学は本来、「世界がそこに存在する」ということを自明の前提として出発している。ところが哲学は、なぜそこにそもそも存在ということが起こったのか、あり得たのかということを問題とする。つまり問いを発するレベルが違うということだね。このことはわかるかな?

恵梨子――はい、それは『スピリチュアル哲学入門』という本にも書いてありましたね。

森本――そう、詳しくは、そちらを見てもらうといいんだが。ともあれ、「起源を知る」ということは、人間の持つ根本的な欲求ではないかということだね。しかし、今の哲学では、その欲求に答えているかどうかは疑問だと思う。哲学は、今の一般の人のそういう欲求とはだいぶ違う世界に行ってしまった。

恵梨子――それはなぜでしょう?

森本――それにはいろいろと理由もあるが……一つには、近代になって「確実性」ということをひじょうに気にするようになったからというのもあるね。知の確実性だ。というのは、なぜそうなのか、なぜそれが正しいのかということを「証明」しなければいけない、確実に証明されていないものは信じてはいけない、というルールができてきたのだ。疑って疑い抜くということが正しいのだ、それが真理を追究する道だと考えられるようになった。デカルトという哲学者がその代表とされるね。哲学とは絶対に疑いを入れることのできない確実なもののみを求めるのだという価値観が支配的になったのだ。これはたぶん、今哲学の専門家になっている人のほとんどに共通していると思う。

恵梨子――絶対に疑うことのできないものって何でしょうか?

森本――いや、それに簡単に答えられるくらいなら、なぜこんなに哲学の「専門家」がいるのかというわけだが……一つの有力な方向としては、「私が存在している」だけは確実だ、という答え方がある。世界というのは本当にないかもしれないが、そのような疑いを持っている「私」だけはあるということだね。

恵梨子――なんか深そうですが……反面、入り込んだら抜けられないような恐さも感じさせる世界ですね……。

森本――そうそう、普通の人から見ればかなり危ない世界かもしれない。しかしそれが哲学というものの現状かもしれないよ。で、今の私たちのテーマは神話だった。神話というのは、疑うことではない。むしろ信じることだ。

恵梨子――そうですよね。

森本――「信じる」とはどういうことなのかな、という問いもあるね。信じるというのは、たとえばキリスト教のように「キリストは神の子であり、救世主である」というようなある特定の考えを信じるということでもありうる。ただ私がここで言うのはそのような狭い意味での「信じる」ということではない。むしろ何というかな、普通の知識、つまり左脳的なものよりも、もっと深い部分を使うというか……。

恵梨子――右脳的な？

森本――そう、右脳的な、直観的に入ってくるものだ。それを一種のイメージとして表したものが芸術といわれるものだね。色、形ならば絵画、音ならば音楽、動きならば踊りとかね。そして、その直観をイメージ言語で表したものが神話と言える。

恵梨子――つまりそれは、詩とか、文学っていうことと違うのですか。

森本――いや、文学の原型が神話なのだと思う。神話から文学が始まっている。それはだいたい学者が一致して認めていることだよ。たとえばいま私たちが読んでいこうとしている古事記も、神話から文学に移行し始めた時期の作品と言えるからね。

恵梨子——神話と文学とはどう違いますか。

森本——それは大きなテーマだが、簡単に言えば、神話というのは大昔から伝えられて来ているものだが、文学というのは「創作」をしているという意識をもって書かれるもの、ということかな。たとえば小さな村とか部族とかで、先祖からずっと伝えられて来ているものをそのまま守り続けている、というのが神話の基本的な形なんだが、そういう伝承をまとめ、整理して一つの物語としてまとめていこうという意識がだんだん生まれてくる。それはある程度、社会が複雑化してきて小さな国とかができてくる段階と対応しているのだけど。古代ギリシアでいえばホメロスの『イーリアス』とか『オデュッセウス』なんかもそういう段階にあたっているよ。いま一般にギリシア神話として伝えられているものは、さらにあとの段階になって、ローマ時代のオウィディウスとか、文学者が読者向けにおもしろおかしく書こうとしたもので、これは古事記とかホメロスなどよりはるかに創作という意識が強い。神々もまるで人間のように書かれている。よくギリシア神話を読んで「神々がとても人間くさい」という感想を言う人がいるが、それはギリシア神話が書かれたそういう事情によるので、すべての神話の神々がそれほど人間くさいわけではない。むしろ、もっと人間から遠く、その意味ではわけのわからない神々も神話には登場したりする。つまり神話については、ギリシア神話が有名だけれど、ギリシア神話はわりと特殊なものなので、それだけで神話を見ていくのは危険だということだね。古事記は、神話と文学の中間だからこそ面白いとも言えるわけだよ。

恵梨子——文学にはまだ行っていない神話そのものというのは、ないんですか?

森本——もちろん日本についても、古事記より先にもっと素朴な段階の神話があったはずで、それがどういうものであったのかについてはいろいろ学者たちが推測をしているよ。最近では、人類学的に、奥地の少数民族を訪ねていってそういう初期の段階の神話を研究するというものもある。特に中国の西南部の少数民族は、日本の古い時代の文化と共通したものが多いとされ、注目されているんだ（工藤隆『古事記の起源』参照）。この対話では、あえてそういう話題にはあまり入り込まないようにしようと思う。あくまで、今ここに存在している古事記というテキストをどう読むことができるかというテーマを設定したい。

恵梨子――そこに何か深いものを探る、ということですね。

森本――そう。そしてそれはもちろん、「客観的」な読み方ではない。つまり、古事記を書いた人たちはこう考えてこう感じていたはずだ、ということも重要な問題ではあるが、それだけを解明するのが目的ではない。そういう研究は世の中にいっぱいある。ただ言えることは、そこで私たちは、「近代人の常識」を括弧に入れ、もっと自由な立場から読むということを言っておきたい。

恵梨子――学者たちは近代人の常識にとらわれているのじゃないか、とも言われてましたね。

森本――そう、だが、それだけではなくて、つまり、いかにして私たちが「古代人の頭」になれるかということを考えると、そもそも完全に古代人に戻るわけにはいかない。私たちはその時代以降、あまりにたくさんのことを経験したし、いろいろなことを知ってしまった。だから私たちの立場は、近代を知った上で、近代の限界を超え、古代人の知っていたこと、感じていたことも理解し、それを自分たちに応用できるという場所から、語るしかないということだろう。それはつまり「ポスト近代人」の立場から語るということだ。それしか、古代の神話を読む方法はないだろうというのがこの対話の立場なんだ。古事記については、あくまで近代世界の常識からこれをなんとか解釈、理解しようという人もいれば、また逆に、これは文字通りに真実であるという、いわばはなはだ「愛国的」な観点から古事記を語ろうという人も存在する。古事記関係の本がけっこうそういう傾向の出版社から出されていたりもするね。だがもちろん古事記に書かれていることは「文字通り」に本当ではない。それはいわば「比喩」だ。つまりイメージなんだ。

それからもう一つ、私たちは、過去のいろいろな宗教もすべて神話と同じように「文字通りの真実」ではなく、一つの比喩であったという見方に立つ。たとえばキリスト教はその原点に一種の神話を持っている。創世記の物語とかがそうだ。そしてそれについてキリスト教の立場からいろいろな解釈を加えることが、「神学」の営みとしておこなわれていたりもした。神学というのは、ある理性を超える直観に由来したものを、理性で理解しうる枠組みに落とし込んでいこうということだったと思う。

恵梨子——理性を超える直観……ですね。

森本——そこには何か重要なものが含まれていた、と私は考える。それはキリスト教でもインドの宗教でも同じだ。神の話、神々の話は、人々をひきつける。そこには何かがあると考える。それによって、人は存在の根源との結びつきを感じている。人間は、神が存在しない世界に生きることに耐えられるのか、ということでもある。つまり、始源とつながるということだね。エリアーデという有名な宗教学者がいるんだが、彼は、神話の機能は人々を「始源」と結びつけることだと言っている。神話を語ることによって、始源とのつながりを確認することが大事だったという。私もそれに基本的に賛成だね。

恵梨子――その「始源」というのはどういうものですか。

森本――それが問題だね（笑）。まさに神話は始源について語るものだ。もちろん他にもいろいろ神話はある。いろんな神々がいろんなことをする話がある。だが神話の中でいちばん大事なものは、始源についての話だ。だから古事記のようにいろいろな神話が含まれているものの中では、とにかく「始まり」がいちばん重要だ。だから古事記を読む上でも、まず、冒頭部分がもっとも大事になってくるんだ。

恵梨子――始まりとは何か、ということですね。

森本――では恵梨子さん、古事記の冒頭部分を読んでみよう。ここの段を「天地初発《あめつちのはじめ》」と言っている。

天地が初めてあらわれた時に、高天原《たかあまのはら》に成った神の名は、アメノミナカヌシの神（天之御中主神）。次に、タカミムスヒの神（高御産巣日神）。次に、カムムスヒの神（神産巣日神）。この三柱の神は、ともに独《ひと》り神として成ったもので、身を隠した。

恵梨子――ここに宇宙の始まりの姿が描かれているのですね。

森本――宇宙の始源だね。さっきも言ったが実はここが最も重要だ。

恵梨子――最初にアメノミナカヌシが成ったのですね。

森本――そう、このアメノミナカヌシが、いわばすべてが発している「原点」を示している。そしてそこから、タカミムスヒとカムムスヒが生まれる。この二者はいわばセットだね。

恵梨子――アメノミナカヌシとはどういう神様なのですか？

森本――アメノミナカヌシは、いわば抽象的な神だと言われている。アメノミナカヌシは、この冒頭以外、その後の物語には一切登場しない。また、アメノミナカヌシをまつる神社も基本的にはないと考えられる。ただ後の時代に、中国から入ってきたと思われる北斗七星の信仰と結びついて、アメノミナカヌシが北斗と関係ある神様としてまつられた例はあるが、それは古事記の時代よりだいぶあとだ。北極星との連想だろうね、それは。だからアメノミナカヌシは頭で考えだした神ではないかと言っている学者もいる。だがそうではない。学者はすぐに、古代人が神話を「考え出した」とか「作り替えた」とか言ったりするが、古代人がある神をそこに描いた時は、必ずそこに何らかの直観が存在していたはずなのだ。

恵梨子――何か物語になるようなことをしなくても、そこに「いる」ということ自体に意味があるのですよね。

森本――そう。アメノミナカヌシは文字通り、天の中心にいる。北極星のように動かない神だ。それと、最も高い神は何もしないという発想の神話は、けっこうあるのだよ。エリアーデもそれを論じたことがある。「ひまな神」と言うんだ。世界の始まりにあるが、それ自体としては何もしない神だね。この、始源にあるアメノミナカヌシが何もしないのを、日本人の思考の特殊性を表すという解釈があるが、それはちょっと違うと思う。この発想はそんなに特殊なものではない。しかしアメノミナカヌシを語ったときには古代人はどのような直観を持っていたのだろうかね。もちろん古代人になることはできないが、私たちは私たちなりに、その直観に近づこうとすることはできるだろう。それは狭い意味での合理性を超えた話になってくる。だからアカデミックな意味での学問としてはその領域にまで踏み込みにくいし、だから、神話の持っている中核的なものは、論文の形では表しにくい。それがこういう対話で神話を語っている理由の一つだ。そういうわけで、恵梨子さん、アメノミナカヌシにはどういう感覚がするかな？

恵梨子――そうですね。……「何もない」という感じがします。

森本――何もない？

恵梨子――どこまでも静かです。でも、その中にすべてがある、という感じでもあります。

森本――なるほど。たしかにアメノミナカヌシと言われるエネルギーがあるわけだね。

恵梨子――そう、あります。

森本――今、ここでエネルギーと言ったが……これはこの対話での重要なコンセプトになってくる。つまりこの神話論全体の枠組みとなることなんだが……アメノミナカヌシは、そもそも何か形をもった存在が現れてくる「以前」のものを指していることは確かだと思う。そういう形のある世界を出現させる、存在させるその「おおもと」は何かといえば、それは当然、「形のない何ものか」になるだろう。だから、神話とはつねに「形のない何ものか」と「形のあるもの」の間にあるとも言える。その二つの交流が問題なのだ、とでも言うかな。始源とは何なのか……始源を感じるとはどういうことなのか、読者もまた、アメノミナカヌシにチューニングして……つまりこれは、瞑想する、意識をあわせていくと言い換えてもいいが……何かを感じてみるといいと思う。そこから出発する神話の読みというものをここでは追究したいわけだ。

恵梨子――私はここで、「何もない世界の深さ」というものを感じるんですよね。

森本――私たちの知りうる世界はすべてそのポイントから展開している。アメノミナカヌシを突き抜けたところには何があるのか、とも考えてしまうけどね。

恵梨子――別の宇宙があるんでしょうか、それともやっぱり何もないわけでしょうか。

森本――正確に言えば、何もないものは考えられない。だからここで「何もない」と言っているのは、正しく言えば「何もないもののように感じられる何か」を語っているわけで、つまり、一種の翻訳なのだ。何もないものは決して語られないはずだからね。つまり言ってしまった瞬間にそれは「うそ」にもなるわけだ。こういう話は、禅なんかによく出てくるね。

恵梨子――不立文字《ふりゅうもんじ》というやつですね。言葉では語らないという。

森本――そう。でもそれは、何も表現しないということではない。一生懸命何かその「感じ」を伝えようとはするんだ。

恵梨子――それが、エネルギーですか?

森本――エネルギーという言葉も一つの比喩ではある。物理学で言うエネルギーと同じものではない。それが何を意味しているかは、この対話全体から感じてもらうしかないことかもしれない。ただここで言いたいのは、「すべてはエネルギーだ」というふうに世界を見ることができる、ということだね。古事記は明らかにそういう方向を示しているように見えるのだ。

恵梨子――それはどういうことですか？

森本――それを理解するために、次に出てくる、タカミムスヒ・カムムスヒの二神を感じてみるのがいいだろうね。この両者には「むすひ」という単語が共通しているね。つまり同質のものがふたつに分かれて出てきている、ということだ。ムスというのは「苔むす」ということばにあるような「生まれる」という意味だ。解説書には「生命エネルギー」とも書いてあると思う。このタカミムスヒ・カムムスヒはこのあとの物語にも時々登場する。

恵梨子――この二神はつまり、男女だということですか？

森本――そのへんは微妙だ。つまり、あとの話を見ると明らかにカムムスヒを女神と見ている部分も出てくる。タカミムスヒはやはり男性的だ。今の古事記ではアマテラスが高天原の主宰神になっているが、神話の古い形ではタカミムスヒが主宰神だったというバージョンもあったであろうと考えられている。つまりタカミムスヒとカムムスヒは男神と女神であるという連想もたしかに古事記には存在する。だが一方で、ここの始まりの部分では、まだそんなに確とした男女の区分はないのだ。その区分は少しずつ際立っていき、あとのイザナキ・イザナミに至って完成する、と感じられていたようだ。ここでの二神は、いわば中国思想で言う「陰と陽」のような一種の宇宙原理としてイメージされていると考えられるね。陰陽の原理は、もう一つの日本神話である『日本書紀』にはもっとはっきりと出ているが……。

恵梨子――日本書紀のほうは、中国思想の影響が強いと言われているようですが……。

森本――それはそうだろう。つまり中国の陰陽思想というのも、いわば神話の一種だよ。宇宙の始源について言葉で語ろうとしているのだからね。本質的には同じことだ。中国の陰陽思想では、宇宙の始源を「太極」とする。そしてそこから陰と陽が分かれてでき、その陰と陽のからみあいがすべての宇宙を生成しているという考えだね。そうすると、こういうことになる。

中国　太極→陽／陰
古事記　アメノミナカヌシ→タカミムスヒ／カムムスヒ

恵梨子――つまり中国の思想は、古事記で神々の生成として語っていることを、少しばかり抽象的なことばで言い直しているということになりますか。

森本――そういうことなんだよ。そういうのを、「形而上学」的な思考と言うんだ。形而上というのはもともと中国でできた言葉だ。「易経」にあるんだ。形而上とは形より上の次元のこと、形而上学とはそういうことを考える学問、という意味になる。西洋思想でも似たようなコンセプトがある。それをメタフィジックというのだ。これはフィジック、つまり自然学よりも「メタ」やはりこれもそれより上の次元を研究するということになる。自然学というのは具体的に、自然はどういうふうにできているかを調べるわけだが、メタフィジックとは、そもそもそういう自然とはいったいなぜ、どうしてできているかを理解しようとする。つまり、how（どのようにして）ではなく、why（なぜ）というわけだ。だから、この自然の世界はなぜあるのか、そして自分とはなぜあるのかということを考えるわけだね。そこでこのメタフィジックという西洋語を訳するときに、中国の形而上ということばを持ってきて形而上学と訳したわけだよね。

恵梨子――というと哲学そのもののように思えますね。

森本――そう、本来は哲学はそういうメタフィジックだったんだよ。それが近代以来、メタフィジックは「考える必要のないことを考えようとする無用の学問」という目で見られるようになってしまったのだ。

恵梨子――どうしてでしょう？

森本――それは前にも言ったように、「絶対に疑えないことを追究する」ことが哲学だと考えられるようになったからだね。だって、太極とか陰と陽など、どうにも実証のしようはないだろう。そう言うならばそうも言えようか、という世界になってしまう。そういう、それが正しいかどうか決めることのできないことは、研究するに値することなのかという疑いが生じてきたのだよ。つまりこれは神話とは反対の方向に来たわけだね。近代文明とはきわめて「反神話的な文明」だということを理解しておく必要がある。これに対し、伝統的な形而上学は、神話とすごく近い。というより基本的なアイデアはもうすでに神話の中にほとんど入っていると言ってもいいんだ。それを恵梨子さんもいま言ったように少しばかり抽象度の高い言葉に置き換えて、左脳的にも思考できるような形にしていったのが形而上学かもしれない。だからこれはとても神話に近いのだ。本来はね。ただ西洋の文明では、この形而上学があまりに左脳的になりすぎてしまって、神話的、右脳的な部分との接触をなくしてしまいがちな傾向があった。そういう歴史的な特性もあって、西洋では次第に形而上学が「机上の空論」のような目で見られるようになったようだ。

恵梨子――そうですか……。

森本――しかし、神話的思考と密着した形而上学的思考とはどうしても必要なのだ。というのは、それが、人間をその「存在の根拠」へと結びつける思考だからだ。もちろん人間は、あるいは、すでにどこかでその「存在の根拠」、つまり始源との結びつきをつねに維持している存在かもしれない、と私は思っている。だがそれを自覚することも大事なのだ。形而上学がすべてではないが、その始源との結びつきを知性のレベルで理解するということも、人間が知性を持っている存在である以上、必要なことがらではあるのだ。その部分における文化の衰退は、見逃してはならない問題なんだよ。

恵梨子――この対話も、そういう大きな野望があるのですね。

森本――まあ、そういうことだね。だから私は、古事記については、何か「実証的」な新説を明らかにしようというつもりはない。そういうものは一切ないのだ。

恵梨子――よくアメノミナカヌシについて言われるように……「頭で考え出した神だからつまらない」という価値判断もそう考えると問題ですね。

森本――そう、神話について頭で考えることがまるで悪いことのように言われてしまっては困る。「太極」だって、頭「だけ」で考え出したものではないんだよ。そこには深い宇宙的直観があったのだ、と考えてみることもできる。アメノミナカヌシというものがあるのだ、という神話を語り始めた人も、そこに何らかの直観があったのだ。陰陽だってただの観念ではない。そういう見方しかできない人の想像力が貧困なのかもしれないんだからね。

恵梨子――それでは、それについての森本先生のお考えはわかりましたから、アメノミナカヌシ、タカミムスヒ、カムムスヒのお話に戻りましょう。まだ古事記を三行分くらいしか読んでいないんですからね。

森本――そうだった。でも、この最初の三行がいちばん大事な所だというのは理解してくれるね。

惠梨子――それはまあ、なんとなく。

森本――けっこう。実はまだまだ語るところはいっぱいあるんだ。この宇宙というものを結局どういうモデルで見ていくかということがここで決定されているとも言えるからね。古事記は単なる「おもしろおかしいお話」というだけではない。もしかすると……いや確実に、そこには現代人が忘れ去った宇宙感覚、宇宙モデルが確かにある。まだ多くの人が気づいていないものがあるのだ。

惠梨子――はい。で、この三神のことなのですが、これは中国で言う太極、陽、陰という宇宙の始源についての形而上学的な思考と、似たところがあるというご指摘だったんですね。

森本――そうそう。だから、日本書紀のほうは確かに中国の文献から言葉を借りているところがあり、古事記のほうは神の名前になっているが、言っていること自体はそんなに変わらない。もともと、古代日本人は、すでに自分の知っていることがとても論理的に中国の本には書かれていることに気づいて、それをすぐに理解できたのかもしれない。あるいは中国の思想に刺激されて、宇宙の始源ということにその直観を合わせた結果、アメノミナカヌシというものが「発見」されたのかもしれないね。結局これは、そもそも「神」とは何？という問題にまで行ってしまうかもしれないが……。

惠梨子――そうですよ。その問題を置き去りにしてはだめですわね。

森本――それはだんだん、話していくよ。ともかくここで、この古事記の「天地初発」における記述は、ある宇宙構造を決定していくんだが、それはどういうものか、そしてそれは現代の私たちにどういう意味を持っているのか？　こういう問いを立ててみようと思う。……それではまず恵梨子さん、今度はタカミムスヒ・カムムスヒに意識を合わせて、何が感じられるか試してみようか。

恵梨子――はい……。

森本――どうかな？

恵梨子――どちらも、とても強い光を感じますね。光があって、それがだんだん動き始めるというか、そういうイメージですね。タカミムスヒとカムムスヒの違いは確かになんとなくあります。あえて言えば、タカミムスヒはより強烈であり、力強く、カムムスヒは柔らかく、穏やかであるような感じです。これが陽と陰ってことですか？

森本――そうそう、そういうコンセプトができる前提としての直観について、いま探究しているわけだから。

恵梨子――これって私だけが見ているものではないのですか。

森本――もちろん人によっていろいろ差はあるだろう。神話は「絶対確実だと証明する」という原理を手放さないと近づけないのだから、個人差は仕方ないのさ。ただ言えるのは、今の恵梨子さんの直観は決して、他の人には共有できないというものではない。誰でもそれと同じものを見ようと思えば、それに意識を合わせれば見えるのさ。

恵梨子――よくわからないですねえ。

森本——まあいいさ。同じことを違う言葉で何度でも言うことになるから、だんだんわかってもらえればいいんだ。ともあれ、古代人が感じたことは今惠梨子さんが感じたものと全く同じであると「証明」することは不可能だ。私は最初からそういうゲームに加わるつもりはないんだからそれはどうでもいい。私が古事記を読むのは「今」のこの時においてしか可能ではない。私たちは古事記に何を感じるか、何をくみ取るのかということなんだよ。もちろん、古代人の思考をできるだけ「客観的」に実証しようという試みが、間違っているというつもりはないがね。私たちは違うルールのゲームをしていますということだけだよ。そういう前提で、いま私たちが読み取ろうとしていることは、何なのか。

惠梨子——何ですか？

森本——私たちのこの宇宙……それは唯一の宇宙ではないかもしれないけれども、今のこの宇宙の「始源」は、一切の形に先んじた、何もないかのように見える何か……それがアメノミナカヌシという神の名によって表されたことだったね。

惠梨子——ええ、それは何度も出てきたのでわかってきましたが。

森本——これは現代科学の「ビッグバン」と似ているようでもあるが、同じではないね。というのはビッグバンはあくまで物質の宇宙の始まりは何かという話なのだが、アメノミナカヌシが指し示しているものは物質の世界ではない。それは物質の次元ではないのだ。つまり科学では最初に「もの」があって、そこからすべてが展開したと考えるが、神話ではそうではなく、最初にあったものは決して「もの」ではないのだ。物質は、物質ではないものから来ているということだ。これを言い直せば、形あるものは、形なきものに由来しているということになる。これが第一の原理だ（ここで物質と言っているのは、通俗的な意味で理解されているもののことだ。もしかすると物理学に深く入っていけば、物質という概念そのものが常識とはかなり違うのかもしれない。しかし今はその問題には立ち入らないでおく。ここではあくまで、現代人の常識的な世界イメージを再検討することが目的である）。

恵梨子――しかし森本先生のアメノミナカヌシへのこだわりはすごいですね。なかなか先へ進めませんし。

森本――ここまでアメノミナカヌシにこだわるのは日本では平田篤胤《ひらたあったね》（江戸時代の学者）以来かもしれない。つまり日本の神話から形而上学的な思考を発展させようというアイデアそのものが、篤胤以来日本には出てこなかった発想だと思うね。最近は少しずつ変わってきているのかもしれないが。ただ今から考えれば篤胤の思考はやはり狭い。日本が絶対になってしまう。これは「神学」になってくるね。キリスト教の神学があるように日本神話をベースにした日本神学、神道神学を作るという方向性になってしまうとちょっと違う。今さら党派的な宗教へ向かう方向をとるわけにはいかない。神学と言っても開かれた、「普遍神学」でなければいけないね。

恵梨子――日本の歴史を見れば、日本の神々だけの世界ではなかったわけで、仏教が深く入り込んでいますよね。

森本――そう、神話の神々に仏教のいろいろな存在……如来、菩薩、明王、天部などが混じり合って日本の信仰圏が成立してきた。最近ではそれに加えて、西洋由来の天使、ミカエルとかラファエルなどを信じる人も出てきているようだ。それはある意味では変なことではなくて、日本人はもともと異文化に発するそういう存在を平気で受け入れ、そこに何の矛盾も感じていなかった。だから同じ人が、アマテラスを信じ、また観音菩薩を信じ、そして大天使ミカエルの加護を求めたとしても、そこには何の矛盾も生じない。これはキリスト教やイスラム教などの世界からはきわめてありえないことのように見えるかもしれないが、私たちはべつに何ともない。たぶんインド人なんかもあんまりそういうのに違和感はないと思うね。それがいわば東洋的な特質かな。それはけしからん、と無理に「日本固有のもの」を分けようとしたのが江戸時代の国学という思想で、篤胤もその系譜にある。今の「愛国系」の人たちもどこかでそういう「無理に日本固有のものを切り分けようとする」発想に影響されてしまっている。

恵梨子——その、何ともないというのは……たぶん「神さま」というコンセプトそのものが、一神教の伝統とはずいぶん違っているのですよね。

森本——今、恵梨子さんが神さまを感じたというのはどういうことか。それは、意識のエネルギーを同調させたということではないかと思う。つまり私の理解によれば、神と言われるのは、少なくとも日本の神々は、ある特定のエネルギーのことではないだろうか。エネルギーとここで言うのは物理で言うエネルギーではないということはすでに言った。それはもっと、意識に近いものだ。意識エネルギーとでも言うかな。つまり、ここで私たちは新しいコンセプトを枠組みとして取り入れるということだ。それは、意識であり、エネルギーであり、光であり、精神であり、また生命である、という、そういううまく言い表せないが宇宙に存在するあるものを、コンセプトとして導入するということだ。伝統的な文化には多くの場合、これを表す言葉がある。日本に知られているのは、中国文化で言う「気」だね。さっきの太極から発して陰と陽になるというのも、陰の気と陽の気に分かれるということだ。気とは生命エネルギーのようなものである。生命と言っても狭い意味での生物に限定されるものではない。ある意味では宇宙すべてが生命体とも言える。そういう意味での生命に満ちているということだ。

恵梨子――そうしますと、アメノミナカヌシから発したタカミムスヒ、カムムスヒというのは……。

森本――ムスヒというのは「気」ととても近いコンセプトのように思える。万物を生み出すエネルギーなんだね。アメノミナカヌシというのは最も源、つまりソースのエネルギーだね。そしてそこから発せられるある種の力のようなもの、それがムスヒであって、それには二つのアスペクトがある、ということが表されている。これはつまり形而上学的な原理なんだね。科学的に実証可能というわけではないし、いかなる意味でも実証はできないだろうし、また、疑おうと思えばいくらでも疑うことができる。疑うことができるからこれはだめだ、という価値観に私たちは従わないと前に言った。そのルールを受け入れてしまうと近代の術中にはまってしまうよ。……しかし、私は、そういう源というものを仮に考えてみることは意味があり、また、根源的な生命エネルギーというコンセプトで宇宙全体、存在の全体を理解しようとすることには意味があると考える。それが、この神話から自然と導き出されてくる宇宙ヴィジョンなのだ。

恵梨子――つまり、生命エネルギーとはリアルにあるものだということですか?

森本——というより、私たちがそういうコンセプトで世界を理解することを選択するか、ということだろうね。それを文明の原理とするか、と言うかな。まあこれを一種の、「生命主義的世界観」などと名付ける学者もいるが……日本人が宇宙を基本的にどのように理解するかということを考えると、それを根源的な生命エネルギーによって万物が作り出されている、とイメージすることが最も自然な発想ではないかということだ。そしてそれは必ずしも「日本独特」のものではない。中国の「気」のコンセプトもそうだし、インドにも「プラーナ」という似たものがあるからね。だから、根本はムスヒなのだ。いわば、ムスヒの神学だよ。

恵梨子——では、アメノミナカヌシは？

森本——アメノミナカヌシは根源だ。それはまた、何もない。何もないということはある意味で「すべて」でもある。この何もないすべてというイメージは、世界の神話に繰り返し現れてくるのだ。しかしある意味では、すべて宇宙はこのアメノミナカヌシから展開してきたと言えなくもない。井筒俊彦風に言えば、分節された宇宙の根源にある無分節のことを言っている。だからこのアメノミナカヌシは、宇宙の根源についてのイメージとして、とても原型的なものだ。決して左脳だけで考え出したものではない。そのように根源をイメージすることは、かなり人類に普遍的なことだと言えると思う。

恵梨子——その何もないけれどもすべてがあるところから、生命エネルギーが生まれ出た、ということを語っているのですね。

森本——そして、その生命エネルギー、ムスヒは、二つに分かれている。それがつまり、最初の

「一」が「二」になったということだ。それが宇宙の生成を表現している。
恵梨子――中国の、陰と陽と同じ意味ですね。
森本――その通り。しかし、陰陽ほど抽象レベルが高くなく、いまだ原初的な輝きを保っている神々であるということ。これが古事記の宇宙創生だね。この三神は古事記では「別天つ神《こと》」といって、特別な存在とされている。
恵梨子――「独り神で身を隠した」というのはどういう意味ですか?
森本――それはこのあとにも出てくるが、独り神というのは、夫婦になっていない神、つまり性的和合によって生み出すのではない神という意味ではないかな。このあと、イザナキ・イザナミからは、性的な原理での生成が開始される。それ以前には、男女の区別はない。いわば、単性生殖だ。アメノミナカヌシはある意味ではタカミムスヒ・カムムスヒを生んでいる。しかしそれは性的な原理によってではない。そういう意味合いが「独り神」にはありそうだ。それから、「身を隠した」というのは、深く奥に隠れている神という感覚が強いね。日本では神さまというのは「奥に隠れている」ものなんだが、この最初の神々は特に宇宙のいちばん奥にある神々なのだから、それで身を隠したというイメージがぴったり来ることになるのかな。
恵梨子――そうですか……というわけで、ようやく次へ行けそうですね。
森本――そうね。この最初の三神の話にはまた必要があれば立ち戻るとして。では次を読んでみることにしようか。

次に、国が若く、浮いた脂《あぶら》のようであって、くらげのように漂っていたときに、葦の芽のように萌え出でるものによって成った神の名は、ウマシアシカビヒコジの神（宇摩志阿斯訶備比古遅神）。次に、アメノトコタチの神（天之常立神）。この二柱の神も、ともに独り神として成ったもので、身を隠した。

以上の五柱の神は別《こと》天つ神（特別な天つ神）である。

次に、成った神の名は、クニノトコタチの神（国之常立神）。次に、トヨクモノの神（豊雲野神）。この二柱の神もまた、独り神として成ったもので、身を隠した。

恵梨子――こんなふうにたくさんの神さまの名前が出てきますけど。
森本――神さまの名前というのも一つの翻訳ではないかと思う。つまりあるエネルギーがあって、それは本来言葉を超えたものだが、それを人間の言葉に変換しているということだ。エネルギーというか、意識エネルギー場というか、そういうものを本来は表している。
恵梨子――で、この、ウマシアシカビヒコジなのですが……。
森本――このイメージは明確だね。ある泥のようなところから葦の芽がすっと伸びていくさまを描いている。これも「何かの始まり」のイメージだ。そこからあらゆるものが始まっていく。動きのなかった宇宙に最初の動きが生まれるのだ。

恵梨子――「国が若く、浮いている脂のようで、くらげのように漂っていた時に」というイメージもなんだか鮮烈ですね。
森本――この「くらげなすただよへる」というのは、そういうふうな音で読めとはっきりと指示してあるところなので、そのイメージがすごく重要だったらしいことがわかるね。
恵梨子――では次のアメノトコタチという神さまはどうですか？
森本――これは古事記では、次に出てくるクニノトコタチとセットになっている。古事記では「天」と「国」をセットにするのがかなり好まれる。日本書紀には古事記と違った世界生成のバージョンがいくつか載っているのだが、クニノトコタチが最初になっているバージョンもあるんだよ。
恵梨子――つまり、「はじまり」を象徴している神さまがたくさん出てくるってことですよね。
森本――そう、ウマシアシカビヒコジ、アメノトコタチ、クニノトコタチはある意味でみなはじまりを意味している。
恵梨子――でも、名前が違うということは、違うエネルギーを表しているわけでしょう。
森本――なかなか鋭いね。
恵梨子――ウマシアシカビヒコジは妙に具体的なイメージなんですけど……。
森本――「葦」というイメージが古事記にとっては重要なんだ。あとで「葦原の中つ国」という言い回しが出てくるけれども、地上世界とは基本的に葦で覆われているものという認識なんだ。
恵梨子――その葦の最初の出始めなんですよね。ではアメノトコタチ、クニノトコタチは……。
森本――天と国、ここで国というのは地上、今でいえば地球だね。

恵梨子――そして天とは宇宙……。

森本――その通り。天とは宇宙だ。宇宙といっても天文学で言う宇宙よりももっと広い宇宙だ。精神的な宇宙も含みこんでいる。深い「奥」の世界だ。しかし、もしかすると私たちもその深い「宇宙の奥」からやってきているのかもしれない……という話だ。

恵梨子――つまり天と国というのは、宇宙のエネルギー、そして地球のエネルギーを表しているということですか。

森本――そうではないかな。これは気功でも、「天の気」「地の気」と呼んでいる。それと同じことだと思うよ。

恵梨子――地球と言ってもエネルギー的な地球ですね。

森本――そう、つまりエネルギーの話というのは、「ものの形」ができあがる以前に、まず、エネルギー次元で何かが動いて、「場」ができて、そこに初めて形が成立するということなんだね。古事記の場合、つねに、天と国の二種類のエネルギーが均衡しているというのが面白いね。

恵梨子――トコタチというのは……。

森本――「常に立つ」ということだね。これをちょっと哲学的に言ってみるとね、「常に」というのは、時間を超えて、およそ存在というものがある限り、つねにそこにありつづける、ということになる。「立つ」というのは支えている、支持しているということだと思うよ。ギリシア哲学の用語で、後にキリスト教神学の用語にもなったものに「ヒュポスタシス」という言葉があるんだが、これは「下に立っている」つまり下から支えているということだ。すべてのものの基底、基盤といという意味になる。つまりここでも、アメノトコタチ、クニノトコタチなどという神さまを考えているということは、そういう哲学的思考を実質的にはしていることになる。それを抽象化させたのが哲学だと前にも言ったね。だから、トコタチのつく神さまは基本的にすべての存在の基盤となる神という意味でとらえられたものだろう。それを古事記編者が持っている「天・国」の二極でものをとらえようとする枠組みに重ねて、アメノトコタチ・クニノトコタチという二柱の神として言うようになったと思われるね。

恵梨子――たしかに、天と国のエネルギーの違いというのは確かにわかりますね。これは天つ神、国つ神というのとは違うのですね。

森本――それは同じではない。ただ天・国という二極思考が天つ神・国つ神の区別を作り出していることも間違いないが。違う次元でその思考が反復されているというか、そんな感じだ。

恵梨子――面白いですね、その二極思考というのは。

森本――これはおよそ神話的思考には必ずあるものだと言っていいね。これは結局、宇宙というものは原初の「一」が「二」に分裂し、それが「四」になり……というふうに、およそ「二つに分ける」ということが宇宙ができる根本原理だという思考に発しているんだね。光と闇、善と悪なんていう二元性もそこから出ているということになる。

恵梨子――それでさきほど、天の気・地の気という話がありましたが、そういうエネルギーは実際にあるんですね。

森本――気功をトレーニングすれば実際に感じられると思うよ。イメージ的なものだけどね。そもそも人間はそういう微細な次元の感覚を感じ分けることができるものなのだ。今の文明ではあまり認められていないけどね。私が前に言ったように、神さまというのはもともと、そういう微細なエネルギーを感じわけて、それに名前をつけたものだ。それで、ここで宇宙（つまり天）、地球（つまり国）と言っているが、それは今の知識で理解しているものとは相当違うようだ、と思った方がいい。地球と言っても物質的な地球ではなくて、あるエネルギー的な場のことを言っているのだ。

恵梨子――なかなか現代人の常識からするとむずかしい話ですよね。

森本――万物を作り出しているのは、感覚を超えた次元のエネルギーの働きである、という基本的な見方に立っているわけだからね、私たちは。そういうエネルギーの最も純粋なものが宇宙の根源にはあって、いわばそこからエネルギーが渦巻くようにして出現してきて、それがいろいろなトーンの異なるエネルギーへと変換していき、さまざまなエネルギーの場を作り出し……というプロセスがあって、そういうエネルギーの場がまずできた後に、それが物質として現象化してくる、というふうに理解するわけだ。これが、神話的思考による宇宙の理解なんだが、私たちは、この理解をそのまま一つの思想、形而上学として語ってもいいのではないか、という試みをしている。

恵梨子――ということは……地球も、エネルギー次元の地球があるというわけですよね。

森本――そう。それを感知するのが「地の気」ということなんだけどね。ただ、そういうエネルギーは、あくまで私たちの持っている知覚や思考のフィルターを通して理解されるものだ。ダイレクトに、そのエネルギーそのものがわかるというわけではない。私たちが理解できるのは、私たちの理解能力にあわせて変換されたものなのだ。

惠梨子――神さまの名前とか、神さまという形象そのものも、そういう変換の結果だというわけですね。
森本――そう。そういうわけで、アメノトコタチ・クニノトコタチというペアで現れているのは面白いね。タカミムスヒ・カムムスヒのように、二極的な思考で全体をまとめようという直観があるようなんだね。ちなみにアメノトコタチ・クニノトコタチもまた、このあとの神話には登場しない。すごく原理的な神さまだと言えるね。
惠梨子――次の、トヨクモノの神（豊雲野神）についてはどうでしょう。
森本――これは、雲がむくむくとわき上がっているイメージで、やはり一種の生命エネルギーの胎動を感じさせるエネルギーがあるね。
惠梨子――ではそろそろ、次へ行きましょう。

次に、成った神の名は、ウヒヂニの神（宇比地邇神）。次に、妹《いも》スヒヂニの神（須比智邇神）。次に、ツノグヒの神（角杙神）。次に、妹イクグヒの神（活杙神）。次に、オホトノヂの神（意富斗能地神）。次に、妹オホトノベの神（大斗乃弁神）。次に、オモダルの神（於母陀流神）。次に、妹アヤカシコネの神（阿夜訶志古泥神）。次に、イザナキの神（伊耶那岐神）。次に、妹イザナミの神（伊耶那美神）。
以上の、クニノトコタチの神から、イザナミの神までは、あわせて神代七代という。

恵梨子――すごくたくさん神さまが出てきましたねえ。でもみな、対になっていますね。

森本――この神さまたちがそれぞれどういうことを表しているのか、いろいろ議論がある。それは必ずしも一致しているわけではないので、私たちはあまり詳しいことには立ち入らないようにしたい。ただすぐわかることは、これらのペアは片方に「妹《いも》」とついていることからわかるように、男女の対とされているということだ。その前のトヨクモノの神までは「独り神となって身を隠した」となっているから、このウヒヂニノカミから先は独り神ではないことになる。

恵梨子――兄妹でしょうか。

森本――兄妹であると同時に、夫婦でもある。よく知られていることだが、古代での「妹」という言葉は、親しい女性を指す言葉であって、現代語の「いもうと」という意味ではない。実は、きょうだいでありつつ結婚している男女神の組み合わせというのは、世界の神話ではごくおなじみのものだ。そこから宇宙が始まったという話になっていることもすごく多い。男女というのは宇宙を作る二極性の表現なのだが、きょうだいというのは、その「二」が完全に分離しきっていなくて、もともと「一」であったという感覚を保持しているということなんだ。これはわかるかなあ。

恵梨子――このあたりを見ますと、最初はその区別があいまいだったものが、だんだんとはっきりと男と女になっていって、最後にイザナキとイザナミになった、という感じがあります。つまりだんだんと分離が明確になっていくイメージですね。

森本――これは胎児がだんだん人間の形になっていく過程をイメージするといいかと思う。体の原質があって、背骨ができて、そして性の分化が出てくる、というように。

恵梨子――肉体のイメージが現れてきますか。

森本――そう、それまでの神さまはまったく「体」を感じさせないわけだから。ここでだんだんエネルギーが体という形を取るようになっていくということかな。

恵梨子――だんだん、形がはっきりしてくる感覚ですね。

森本――ソース（根源）のエネルギーがどんどん分かれ始めていくんだね。ここは、このように何段階もカップルが続いていて、系譜のようになっている。これはともすると現代人には退屈に感じられるところかもしれないが、このように神々の系譜という形で世界の創世を表すという神話のパターンは、他の地域にもあるんだ。系譜型神話などと呼んでいる。エネルギーの分化、井筒的に言えば世界の分節化の進行を表す有力なイメージの一つだと言えそうだね。

恵梨子――ソースから分かれていくのはわかりますが、その分かれるというのをはっきりと男女という性別としてイメージするのですね。

森本――それが特に神話のおはこ、十八番というか。性の区別ということをすごく根源に据える。それは本当に日本の神話に限ったことではない。抽象化されて哲学になってしまうとそういう生々しさは失われてしまうけれども。「独り神」の段階が終わって、男女という二元性によって宇宙が創造される段階に来たということを古事記は言いたいらしい。

恵梨子――そこでいよいよイザナキ・イザナミの神話ですね。

森本――ようやくだ。

第二章　イザナキ・イザナミの国生み

ここで、天つ神のすべての神の仰せで、イザナキの神・イザナミの神の二柱の神に詔を下し、「この漂っている国を直し、固めて作りなさい」として、天《あめ》の沼矛《ぬほこ》を授け、委任をなさった。そこで、二柱の神は、天《あめ》の浮き橋に立って、その沼矛をさし下ろしてかきまぜると、塩がころころと鳴るようにかきまぜて、引き上げた時に、その矛の先からしたたり落ちた塩が、かさなり積もって島となった。これがオノゴロ島である。

恵梨子――まず、天つ神の命令で、天の沼矛で海をかき回す話ですね。

森本――天の浮き橋の上に立ってね。そして、したたり落ちた塩が積もって島になる。この話に似たものに、インドの神話で乳海攪拌《にゅうかいかくはん》というのがある。それは、大きな山を海中に入れ、それに巨大な蛇を巻きつけて、両端で人々が引っ張り合い、山を動かして海をかきまぜた、そして陸ができてきたという話だ。

恵梨子――いずれにしろ、だんだんと世界ができてきますね。

森本——この天の沼矛でかき回すというところで、性的な連想をする人もいるが……。
恵梨子——そうですか？
森本——まあ、そう見ようとすれば見えないこともない。ともあれ、この話以降は、たしかに性的なイメージが登場してくるのだからね。世界が、性という原理で作られるようになるという発想がこのイザナキ神話にはある。
恵梨子——無理にそう読まなくてもいいとは思いますが……。
森本——そうね。ただここで注目したいのはこの天の沼矛だ。これがいわば、天と地を結ぶことになっているわけだね。これはあとで登場する天《あめ》の御柱《みはしら》と同じ機能だよ。エネルギーのラインが通ったということだよね。この天の沼矛はどれほどに輝かしいものだったか、想像してみるといいよ。
恵梨子——それと、ここは、この「こをろこをろに画《か》き鳴《な》して」という触感的なイメージがあざやかですね。
森本——音も鳴っているわけだね。古事記では一貫していることだが、基本的に、生成の力を肯定している。つまり、世界が生まれるとは基本的に「よいこと」であるという理解があるわけだ。それを哲学っぽく言いかえれば、「存在するものは基本的に善である」ということである。いかに私たちの世界に、よくないもの、美しくないものがあるように見えても、そういうコントラストが存在するということも含めて、世界が存在することは基本的に善なのだよ。
恵梨子——善と悪は対立してないですね。
森本——いかなる「悪」（これはカッコつきだが）をも含みこんでしまうくらいの巨大な善の力で、

宇宙は生み出されたという直観があるということだ。ここから古事記の記述は、そういう生成の力を礼賛する部分が多くなってくる。

恵梨子——その一つの頂点がイザナキ・イザナミの国生みですね。

森本——では次を読んでみよう。

その島に天下りをされて、天《あめ》の御柱《みはしら》を見立て、八尋《やひろ》の御殿を見立てた。ここに、その妹イザナミノミコトに問うて言うことには、「そなたの身はどのように成っているか」と言ったところ、答えて申し上げることには、「わたくしの身は、成り成りて成り合わないところがひとところあります」と申した。そうするとイザナキノミコトが仰せになることには、「わが身は、成り成りて成り余ったところがひとところある。そこで、このわが身の成り余ったところで、そなたの身の成り合わないところをさしふさいで、国を生み成そうと思う。生むことはどう思うか」と仰せになったところ、イザナミノミコトの答えて言うことには、「はい、よろしいでしょう」と言ったのだった。

そうして、イザナキノミコトの仰せになることには、「それならば、われとそなたと、この天の御柱を行きめぐって会って、みとのまぐわいをしよう」と言われた。そのように約束して、そこで仰せになることには、「そなたは、右より回って会え。われは、左より回って会おう」と仰せになった。約束をして回った時に、イザナミノミコトがまず言うことには、「ああ、なんとうつくしい男の方でしょう」と言い、その後でイザナキノミコトが言ったことには、「ああ、なんと美しい女の人だろう」と言ったのだった。

森本——まずここで注目するのは天の御柱だ。これは専門的には宇宙軸と言うイメージで、天と地をつなぐ軸になる。つまり天のエネルギーがこの柱を通って下まで降りてくるということだ。この柱というイメージは古代人にはことのほか重要なんだ。というのも、神さまの数を数えるときに「柱」という単位を使う。柱というのは神さまが住まう神社の中心である柱を表している。古代の決まり文句として出てくるのが「宮柱太敷き立て《みやばしらふとし》」という言葉だ。柱を立てることから神社が始まる。その柱というのは天界と地上をつなぐラインになる。そのラインを通って神のエネルギーが地上に来ることができるようになるのだ。つまり一種のエネルギーの回路ができるということだ。それによってこちらの地上にいる者が、神のエネルギーに触れることが可能になるわけだ。

恵梨子——神社というのはそういうエネルギーの回路が作られている場所、というわけですね。

森本——神社というだけでなく、およそ神というもの自体がそういうエネルギー回路だと言ってもいいくらいかもしれない。

恵梨子——天の御柱によっておのごろ島は天界と接続されているのですね。でもこの「見立て」というのはどういう意味ですか?

森本——つぎの八尋殿も見立てているね。これはいろいろな解釈が可能である。一つの読み方としては、この天の御柱や八尋殿は、実際の形があるものだったとは限らない、というふうにも言える。

恵梨子——エネルギー次元ということですか?

森本——そうね。あるいはまた、見立てるというのは、そこにはなかったものを神が「見る」ことによって存在させた、という意味にも取れる。これはどういうことかというと、量子物理学で言うような、「見ることによって存在が決定される」という原理かもしれないね。

恵梨子——つまり手足を使って柱を作ったわけではなくて、見ることによって作ったということですか。

森本——そう、つまり意識作用によって存在をつくったというふうにも取れる。

恵梨子——さすがは神さまですね。

森本——いや、そもそもすべては意識作用によって作られているのではないかと思うけどね。物質だと私たちが思っているのは集合意識の作用で、私たちが共同で創造しているものだよ。つまり「創造」とは「想像」である、とも言える。まあこれはあくまで、そうも読めるということではあるけれども。

恵梨子——そしていよいよ、まぐわいの儀式ですね。

森本——柱のまわりを回るというね。この時、有名な「成り成りて成り合はぬ処一《ひとところ》処在り」と「成り成り成り余れる処一処在り」という言葉がある。この神は肉体を持ったというわけだが、その肉体には二種類がある。あたりまえのようだが、人間というものが基本的に二種類によって構成されているという事実は、実は驚くべきことではないか、とも思える。

恵梨子——他の動物でもそうですからね。

森本——二つの性に分かれていて、その二つの性の和合によって新しい生命が生まれるという基本構造が、この世界にはあるということだね。それがここで確認されていることになる。言ってみれば性交というものが存在するということ自体、宇宙の神秘が含まれている、という感じ方もできるだろう。つまり性とは神聖なものだというのが古代人の感性なのだ。

恵梨子――そうですね。私がこのイザナキとイザナミという神さまを感じますと、男性と女性のひじょうに原型的な何かがあるようですね。

森本――宇宙にはいわゆる男性的なエネルギーと女性的なエネルギーというものがあるということ。これが宇宙全体の基本構造なのか、それとも地球という領域独自の構造なのか、それはわからないけれども……たぶん、宇宙には私たちの想像できない原理でできている世界もあるのだろうけれども、少なくとも私たちの知っている世界には、この男女両性の原理がある。

恵梨子――これは、実際の男性と女性とはまた違うのですよね。

森本――そう、これは心理学でも言われていることだが、男性の中にも女性的なエネルギーはあるし、その反対も言える、とされているね。ユングは、たとえば男性の中にある女性的なエネルギーの象徴を「アニマ」という言葉で表している。

恵梨子――肉体の性と、心の性は、完全に同じではないと言いますか……。

森本――というか、肉体というのは、少数の例外を除いて男であるか女であるかのどっちかでしかないが、エネルギー的な男性性、女性性というのは「あれかこれか」ではない。たとえば男性的なエネルギーが四十パーセントで、女性的なものが六十パーセントでもありうるわけだ。そのように、実際はブレンドされている。このような宇宙の初めにある男女神は、そういう原型的なものを表しているると言えるね。
恵梨子――それが宇宙の二極性なのですね。
森本――宇宙はすべて「二」から始まるということだねえ。
恵梨子――それから……ここの、お互いに声をかけるところがありますけど、お互いの肉体の美しさに、強い感動を覚えているところが感じられますね。
森本――そう、イザナキ・イザナミという神は、人間というものの原型を決めている神々ではないかという気がする。そして、人間というものは基本的に美しいものだと断定をしているわけだ。裸体を恥じたというキリスト教の「創世記」の神話とはずいぶん違うものだ。肉体を持って生きることを全面的に肯定するのが日本の神話だということだね。性というのは生命を生み出す行為だからね。それを抑圧するという思想は古代日本人にはまったく思い浮かばなかっただろう。

それぞれ言い終わった後で、その妻に告げて言うことには、「女が先に言ったことはよくない」と言った。そうではあるけれども、寝所に入って事をおこない、生んだ子は、ヒルコ（水蛭子）。この子は、葦船に入れて流し去った。次に、淡島を生んだ。これもまた子の中には入らない。

恵梨子――ところで、女が先に声をかけたら失敗したというのはどういうことでしょうか？
森本――これは、男性優位の思想があると言うような人もいるが、あまり考えすぎない方がいいかもしれない。ここでやっているのは儀式であるわけだから、儀式というのは厳密にやり方が決まっていて、それに従わなければならない。その決まりを破ったために失敗してしまったということになる。男から先に声をかけなければならない、というのは必ずしも男性優位を意味するわけではない。そういう役割になっている、ということだろう。多くの文化では、結婚の申し込みはふつう男からするものと見なされているのではなかろうか？　古代の日本でもそうであった、ということの反映に過ぎないだろう。基本的に、古代の日本では女性の地位はかなり高いものではなかったろうか。ここでの話の流れとしては、どちらが先かという問題より、「一回は失敗した」ということが話の中心になっているような気がする。つまり、最初に生まれた子は「ヒルコ」だったわけだね。それでまた天つ神に相談して、やり直したということになっている。

恵梨子――このヒルコというのも神さまなのですね。不思議なことですが、ヒルコはある人々には強い印象を残すらしく、根強くファンがいる神さまなのですね。

森本――ヒルコか。これは面白いね。葦船に乗せて流したというイメージも強烈だしね。

恵梨子――ヒルコっていうのは、つまりどういうものですか？

森本――イメージ的には、手足のない肉塊みたいなものを連想できるだろう。

恵梨子――なんだか強烈ですね。目も口もないんですね。

森本――実は、この肉塊みたいなもののイメージは、東アジアの神話にはしばしば出てくるものなんだよ。有名なのは「荘子」に出てくる渾沌《こんとん》というのもそうなんだね。目も口もない固まりなんだが、これに無理やり目や口なんかを開けていったら死んでしまったという話だよ。あと中国の西南部にいる少数民族の神話では、夫婦の神から最初に生まれたのが肉のかたまりで、そこから人類が出現したというふうになっているものがある。
恵梨子——流したのではなくて、卵みたいに、そこから生まれてしまうんですか。
森本——そういうこと。ということは、このヒルコのイメージは、そういう「始源にある肉のかたまり」あるいは「卵」のイメージと重なるということがわかる。朝鮮半島なんかには始祖が卵から生まれたという神話もいろいろあるからね。そういう「はじまりの卵」というイメージを神話学では「宇宙卵」と呼ぶんだが。
恵梨子——ヒルコに不思議な魅力があるのも当然ですわね。
森本——ヒルコはなにかすごいエネルギーを放射している存在ではなかろうか。ヒルコについての一つの説に、これは「日子《ひるこ》」つまり太陽の子という意味がある、というものがある。そうすると葦船に乗ったヒルコは、エジプトみたいな「太陽の船」というイメージになる。
恵梨子——それもいいですねえ。
森本——古事記を編集した人々にそういうイメージがあったのかどうかはだれにもわからないが、神話的なイメージのひろがりとしてはそういうものを含んでいてもおかしくはない。というのも肉塊のイメージは、強烈にエネルギーが凝集しているものということになる。色としてはどうかな？　やはり、赤いものだという感じがするだろう。肉だからね。そうすると太陽という連想を誘ってもおかしくはない。
恵梨子——船に乗った太陽の子って、ロマンチックですよ。
森本——指摘しておきたいのは、古代の日本語の「ひ」という言葉は、根源的な生命エネルギーを指す言葉だった、という事実だね。「ひ」は「日」であり、かつ「霊」だ、というのだ。これはかの有名な白川静先生の『字訓』にものっているから間違いないよ。

恵梨子——また出ましたね、生命エネルギーは。

森本——要するに古代神話の話は、つまり全部そこへ行くということなんだ。

恵梨子——古事記のこのイザナキ・イザナミ神話の段階では、まだ太陽は出てきてないんですよね。

森本——そう、アマテラスはまだ登場しない。

恵梨子——そこで、ヒルコが太陽という連想を隠し持っている存在であるわけですけど、そのヒルコが流されたのはどうしてか、という疑問が出てきますね。

森本——この「流す」ということには何か隠微な感覚があるね。実は、子どもをひそかに流してしまうというモチーフは神話には多い。たとえばモーゼだって流された子どもであるわけだよね。そういう貴重な存在が流されていくというのは何を意味しているのだろうか？　たぶん、何か物質領域に霊的なものが入っていくということに関係しているような気がするが。

恵梨子——え、どういうことですか。

森本——まあ、その話は今は置いておこう。ここで言っておくとね、このヒルコがのちに海の神さまになったという話もあるんだよ。それを「えびす」という。ヒルコって漢字で書くと「蛭子」になるんだが、これって「えびす」とも読むだろう。ただ、ヒルコとえびすがむすびついたのは古事記の時代ではなくて、明らかにもっとあとだろうと思う。

惠梨子――海を漂っているという連想ですよね。

森本――ここには「漂流する神」というイメージのパターンもあるような気がする。もともと日本には、海から漂着する神という信仰のパターンがあるんだ。古事記であとに現れてくるスクナビコナはそういう神だ。どうもそういうパターンと「船に乗って流れていく神」というイメージがつながるようだ。

惠梨子――そうですね。でも、ヒルコは明らかに「失敗」だったので流されたんですよね。何かそこには暗さも感じられますが……。

森本――それはその通り。つまりそこには何かケガレを負わされて流されるというイメージもあるね。これもまた古代の思考によくあるもので、他には、スサノヲがのちほど、けがれをしょって高天原から追放されるという話になっている。神社で、身のけがれを人形に移して水に流すというのをやることがあるが、ああいう発想もある。実はこういうふうに、罪を負わされて犠牲となる存在について、いろいろと議論になったことがある。記号論がはやっていた一九八〇年代くらいを中心にね。しかしその話は、どこか理論ばかり先行したところもあったので、ここではあまり詳しく触れないことにしようと思う。ただ、流すことによって清めるという発想が古事記にはあることはたしかだ。それはまたあとで、みそぎの場面になったときにも出てくるだろう。

惠梨子――ともあれ、ヒルコはすごいエネルギーを持っているが、流されてしまった、失敗と判断されてしまったということですよね。あんまりエネルギーが強烈すぎたんではないですか？

森本――いや、そういう考え方もあると思うよ。つまり、秩序に収まりきれないものだ、ということだよね。それがまともに出てくると、この世の秩序自体がひっくり返ってしまうような、それだけすごいものがあるというふうにもとらえられるね。

恵梨子――そうですよ、なんか、怪物的な輝きと言いますかね、そういう不気味なものもあるんです。

森本――荘子の渾沌の話もそういう趣旨がある。渾沌のパワーはあまりに強烈すぎて、その力をそぐことによって初めて世の秩序が存在しうる、というふうに読める。いいかえれば、私たちはその圧倒的なパワーと向き合う準備ができていない。そのために、その過剰なものをこの世の外に追放しなければいけないのかもしれないな。そう考えてみると、ヒルコの不気味さは、ある意味では霊的な恐れと言ってもいいのかもしれない。自分の根本、自分の世界の安定を崩してしまう何かに直面するときに恐れが入っている。

恵梨子――ヒルコの話が長くなりましたが、ヒルコはなかなか深いんですね。

森本――私たちは生命エネルギーというものはリアルにある、という立場に立って話をしているからね。むしろ、あらゆるもの、それは私自身を含めて、その生命エネルギーの一部であり、形が変わったものである、という根本的な理解をしている。エネルギーがリアルであるという感性から見ていくと、また、ヒルコのリアリティも迫ってくる感じがするね。

恵梨子――では、そろそろ次へ行きましょうか。

ここで、二柱の神は相談をして言うことには、「今わたくしが生んだ子はよくない。これは天つ神の御許《みもと》に申し上げなければ」と言って、すぐにいっしょに参り上って、天つ神のお言葉をお願いしたのだった。そうすると天つ神は、ふとまにで占いをして仰せになることには、「女が先に言ったことによってよくないのだ。またもう一度下って改めて言うように」と仰せになった。

それでそのようにして、またもう一度降りて、もう一度その天の御柱を行きめぐることは先の通りである。

ここで、イザナキノミコトがまず言うことには、「ああ、なんとうつくしい女の人だろう」と言い、その後でイザナミノミコトが言うことには、「ああ、なんとうつくしい男の方でしょう」と言った。このように言い終わって身を合わせて、生んだ子は、アワジノホノサワケの島（淡路島）。

次に、イヨノフタナの島（伊予之二名島）を生んだ。この島は、身が一つにして顔が四つある。顔ごとに名がある。そこで、伊予の国はエヒメといい、讃岐の国はイヒヨリヒコといい、粟《あわ》の国はオホゲツヒメといい、土佐の国はタケヨリワケという。

次に、隠岐の三つ子の島を生んだ。またの名は、アメノオシコロワケ。

次に、筑紫の島（九州）を生んだ。この島もまた、身一つにして顔が四つある。顔ごとに名がある。そこで、筑紫の国はシラヒワケといい、豊《トヨ》の国はトヨヒワケといい、肥《ひ》の国はタケヒムカヒトヨクジヒネワケといい、熊曽《くまそ》の国はタケヒワケという。

次に、壱岐の島を生んだ。またの名は、アマヒトツハシラという。

次に、対馬を生んだ。またの名は、アメノサデヨリヒメという。

次に、佐渡の島を生んだ。

次に、オホヤマトトヨアキヅシマ（本州・大倭豊秋津島）を生んだ。またの名は、アメノミソラトトヨアキヅネワケという。

そこで、この八つの島をまず生んだことによって、大八島《おおやしま》の国という。

そうして後に、お帰りになったときに、吉備の児島を生んだ。またの名は、タケヒカタワケという。

次に、小豆島を生んだ。またの名は、オホノテヒメという。

次に、大島を生んだ。またの名は、オホタマルワケという。

次に、女島《おみなしま》を生んだ。またの名は、アマヒトツネという。

次に、知訶《ちか》の島を生んだ。またの名は、アメノオシヲという。

次に、両児《ふたこ》の島を生んだ。またの名は、アメノフタヤという。

恵梨子――今度はうまく成功して、島を生むことになりますね。最初が淡路島だったというのがおもしろいですが……。
森本――ここから、イザナキ・イザナミ神話はもともと淡路の海人《あま》（海で生活する人々）がもたらしたものだという説が出てくるが……まあ、そういう歴史的背景の話はここではいいだろう。

恵梨子――ここでは、生む力というのが圧倒的な印象を与えます。

森本――生みまくっているよね。生命エネルギーの表現として、女性が子を生むということが最もわかりやすいイメージの一つだろうとは言えるね。古代の文化はどこもほとんど、出産という現象に強い興味を抱いているよ。

恵梨子――あとおもしろいのは、島はみな神さまなんですね。

森本――神の名を持っているということは神なんだね。これはどういうことかというと、およそある土地というものは、まずエネルギー次元において成立するということかな。

恵梨子――それは、土地には固有のエネルギー場があるということですか。

森本――そうね。土地にはその土地の神さまがいる、というのが日本の伝統的な理解だよね。だからそれぞれの島とか、国には、それ固有の神がいる。神というのはここでは高い次元の意識エネルギー場といってもいい。

恵梨子――つまり、本来、形はないんですね。

森本――形はない。そもそも日本では神とは形を持たないものとして理解されている傾向が強かった。これに対して仏教はさかんに仏像を作って拝む。その影響で神の像というのも作られたりはしたけれども、基本は形のないエネルギーなんだ。

恵梨子――よく神さまの絵とかも見ますけれども……。

森本――古代人の衣装をまとった神々の像が画かれたりするが、これはあくまで私たちにわかりやすいように表現しているだけで、本来、神は姿のないものだと考えていいと思う。

すでに国を生み終わって、さらに神を生んだ。

そこで生んだ神の名は、オホコトオシヲの神。

次に、イハツチビコの神を生んだ。

次に、イハスヒメの神を生んだ。

次に、オホトヒワケの神を生んだ。

次に、アメノフキヲの神を生んだ。

次に、オホヤビコの神を生んだ。

次に、カザモクツワケノオシヲの神を生んだ。

次に、海の神、名はオホワタツミの神を生んだ。

次に、水戸《みなと》の神、名はハヤアキツヒコの神を生んだ。次に、妹ハヤアキツヒメの神。

このハヤアキツヒコ・ハヤアキツヒメの二柱の神が、川と海とを分け持って、生んだ神の名は、アワナギの神。次に、アワナミの神。次に、ツラナギの神。次に、ツラナミの神。次に、アメノミクマリの神。次に、　クニノミクマリの神。次に、アメノクヒザモチの神。次に、クニノクヒザモチの神。

次に、風の神、名はシナツヒコの神を生んだ。

次に、木の神、名はククノチの神を生んだ。

次に、山の神、名はオホヤマツミの神を生んだ。

次に、野の神、名はカヤノヒメの神を生んだ。またの名は、ノヅチの神という。このオホヤマツミの神、ノヅチの神の二柱の神が、山と野とを分け持って生んだ神の名は、アメノサヅチの神。次に、クニノサヅチの神。次に、アメノサギリの神。次に、クニノサギリの神。次に、アメノクラトの神。次に、クニノクラトの神。次に、オホトマトヒコの神。次に、オホトマトヒメの神。

次に、生んだ神の名は、トリノイワクスフネの神。またの名は、天《あめ》の鳥船《とりふね》という。

次に、オホゲツヒメの神を生んだ。

恵梨子――またすごい数の神さまが生まれてますねえ。

森本――ここでは自然界のあらゆる神々を生んでいる。自然は神に充ち満ちているという、古代日本の世界感覚をよく表しているところだね。ここでは先ほどの国生みにつづいて、神々の名前がどんどん列挙されているという表現に注目したい。ともすれば、神々の名前を羅列しているだけなので、現代人には退屈に感じるかもしれない。しかし、この名前がたくさんつづくということが、限界のない生成の力を表現していることもたしかだ。

恵梨子――名前にはパワーがあるのですものね。

森本――そう、神の名は、そのエネルギーの本体が持っているものではない。本来、そのエネルギーには名前がないものだろうが、そのエネルギーの感覚をできるだけ損なわないように人間の言葉に翻訳したものが名前として人間界に存在するというわけだ。

恵梨子――人の名前でも同じことですね。

森本――そう、本当の名前はその人の本質を表すと考えて、本名は人には知らせず、「呼び名」を別に持って呼んでもらう、という習慣があったようだからね。名は本質を表すということは、このように神々の名前を教えてもらっているということ自体がたいへんなことであるわけだ。

恵梨子――それにしても、水の神、風の神、山の神……などと、自然の神々がたくさんですね。

森本――自然は霊力に満ちているという基本的な世界感覚があるわけだ。自然の中にさまざまな霊的エネルギーが何種類も存在しているという感覚から、その霊力の根源を神として理解しているわけだね。

恵梨子――科学では理解できない何ものかの次元ですね。

森本――これをまあ、アニミズムという名前で呼ぶことがあるわけだ。自然が霊力に満ちているという信仰のことをね。

恵梨子――聞いたことがあります。

森本――それはしばしば、もう過ぎ去ってしまった古い時代に、人々はそんなことを考えていたのか、という目で見られがちだ。実際、ヨーロッパの近代を基準として、それとは異なる考え方、感じ方を未開のもの、発展途上のものとして位置づけるという「学問」が存在していた。しかし、もしかするとアニミズムというのは「リアル」なものかもしれないのだ。つまり、自然が、あるいは世界がと言ってもいいが、霊力に満ちているというのは、単に原始的な人々の妄想、迷信ではなく、ある根拠を持った、リアルなものかもしれない、という発想が必要になっている。それを新しい目でとらえ直すということだね。自然は実際、物質ではない。その根拠は見えない次元にある。

恵梨子――エネルギー的な次元ですね。

森本――最近は、パワースポットというもののブームもある。つまりそこに行けば何かのパワーを感じることができるということだね。それをリアルなものとしてとらえている人が増えてきているというわけだ。つまり何がリアルかと言えば、私たちはそういういわば微細なエネルギーを感受することができる、という意味においてリアルなんだね。

恵梨子――リアルということの意味はなかなかむずかしいですね。

森本――これは哲学の話になるので、ここではあまり深くは追究できないが……近代ではともすると、物質がリアルであってそれ以外のものはリアルではない、と決めてかかっているようなところがあるが、決してそんなに単純なものではない。そのような枠組みで考えると、意識というのはまったく肉体の添え物で、肉体がなくなれば意識も消えてなくなるしかないだろう、と思ってしまうが、実はそういうものでもない。

恵梨子――そのへんは何かむずかしい話になってきそうですね。

森本――単純に言ってしまうと、宇宙はすべてエネルギーであり、つまりソースエネルギーの展開したものであって、私たちもまたエネルギーの一種である、エネルギー場である、という理解に立ってはどうか、ということだ。つまり、知覚するとは、ある一つのエネルギー場が、何らかの他のエネルギー場と共鳴するということである、と考えることもできるのだ。

恵梨子――物質もエネルギーの一種だと、聞いたことがありますが。

森本――そうそう。いま私たちが神話を読解しているのは、そもそも根源のソースエネルギーがあって（それがアメノミナカヌシで表されるが）、その展開としてさまざまなエネルギー場が作り出されてくる、という宇宙生成のイメージを確立させるためなのだ。それは中国における「気」の世界観の現代版と言ってもいいかもしれない。

恵梨子――すると私たちもまたエネルギーであるわけですね。

森本――そもそも意識ということ、自分ということを一種のエネルギー的なものと理解するといいかもしれない。古代の人、神話を語った人は、自分とは何であるかということはあまり考えなかっただろうね。そこが、神話そのものと、このように神話を現代から語るという立場の差だと言ってもいい。そもそも、エネルギーというもの自体が、意識という性質を帯びていると考えることができるね。

恵梨子――たしかに、神さまというものがエネルギーだとすれば、当然そこには、精神的なものが存在していることになりますしね。

森本――そう考えてみると、宇宙のソースエネルギーというものは、人間の意識では完全には把握できないが、最も高次元の意識を持っていると見なしてもいいかもしれない。それを過去の宗教では至高の神であると言い表していたわけだね。そのソースからいろいろに展開をしていくわけだが、その際、ソースからどれだけ隔たっているか……つまり、遠くなっていくかによって、いろいろ段階がある。そのように過去の哲学では考えられていたんだ。これは、次元という言い方もできる。つまり、最も高次の宇宙根源から、意識エネルギーが展開してきて、この意識の次元はいわばだんだん下がっていく。そして物質というものを作り出すとき、エネルギーはいわば凝固した状態になる。

恵梨子――「もの」というのは「気」が凝縮した状態だ……と中国でも言いますね。

森本――そして「気」というのはいわば霊力だよ。それが「むすひ」と言っているものだ。

恵梨子――「むすひ」は意識あるいは精神という性質を持っているということですね。

森本――そういうこと。物理的エネルギーではない。意識とエネルギーというのは常識的には別々のもののように思われているけれども、私たちが本当にここで語りたいのは、その二つの言葉をともに合わせたようなもののことなんだね。それは現代人の語彙にはないわけなので、ここで神話の言葉を借りて「むすひ」とかあるいは「気」と言ってもいいのかもしれない。私たちはすべてそういう霊力を分有しているからこそ、ここに存在している。というのもその力こそ、すべてのものを存在させるものだからで、それに関わらずに存在するものは何もこの宇宙にはないのだ。

恵梨子――そうすると、自然界のあらゆるものに、それを存在させようという「むすひ」が働いていることになりますね。

森本――根源的なむすひの力が、森とか川とか、そういう個別のものを存在させようという時に、いわば「精霊」的な力として働く。具体的なものの背後にあってそれを存在させようという力としてね。そういう具体的なものに密着したエネルギーを、神の名をつけてとらえているわけだ。だからつまり、アニミズムを何か原始的なものだと考えるのは、近代人の思い上がりであると言える。近代人は「そこにあるものを存在させようという力」について考えようとしなかったからだ。哲学もそれを問うことを忘れがちであったということだ。なぜものは存在するのかを問うという、「存在論」的な思考が必要だ。

恵梨子――いわゆるアニミズムというのは、そういう見えない次元に働く何かを感じていたということなのですね。

森本――そう。それは形のあるものではない。でも何かしら感じることができるものなんだ。たとえばそこにある花を見ても、その花を花として存在せしめる、ある生命力そのものを感じようとすれば感じることができるはずだ。一歩、奥を見るという感性があればいいわけだ。

恵梨子――なかなか深いですね。そこで、古事記に戻るのですが……ここの、たくさんの神さまが生まれ出てくる場面ですが、ここに書かれている以外にも無数の神さまが生まれたということのようにも感じられますね。この「次に」で、たたみかけるように続いていく表現が、圧倒的な生成のエネルギーを印象づけています。

森本――そうそう。そういう、「語る」ということでしか伝えられないものもあるからね。

次に、ヒノヤギハヤヲの神を生んだ。またの名は、ヒノカカビコの神といい、またの名は、ヒノカグツチの神という。この子を生んだことによって、みほと（陰部）を焼かれて病い伏していた。

吐いたものに成った神の名は、カナヤマビコの神。次に、カナヤマビメの神。

次に、くそに成った神の名は、ハニヤスビコの神。次に、ハニヤスビメの神。

次に、尿に成った神の名は、ミツハノメの神。次に、ワクムスヒの神。この神の子は、トヨウケビメの神という。

そういうわけで、イザナミの神は、火の神を生んだことによって、ついに神避《かむさ》りなさったのだった。

恵梨子——次は、火の神カグツチを生んだときにイザナミが死んでしまうという場面ですね。

森本——正確に言えば神に死はないから、別のところに行ってしまうということだけどね。

恵梨子——この話は、やはり、火に対する特別な感情が入っているのでしょうね。

森本——そう、火という、人間の文化にとっては不可欠なものだが、同時に一歩コントロールを誤るととても危険なものがここで発生したと言っている。古代では、製鉄とかあるいは鍛冶など、火を操る技術を持つ人々には特別な力があると見なされていたらしい。つまりひじょうに危ういことをしているという意識があったろうね。ここでの火というのは、一種のエレメント的なものと見た方がいい。

恵梨子——エレメント？

森本——つまり、地水火風空という元素だね。これは化学でいう元素ではなく、自然界を作る基本的なエネルギーのうちの主要なものという位置づけだ。古代ギリシアで、万物は水から発すると言った人がいたそうだが、その場合の水も物質的な水のことではなくて、エレメントだ。

恵梨子——エネルギー次元にあるものですわね。

森本——この物質的次元によりも一歩向こう側にある何かだ。それを四種類ないしは五種類として見るのが、いろいろな古代文明に共通しているのはおもしろい。もちろんこの古事記では、そういうエレメントの考え方がはっきり表れているわけではない。ただここで言いたいのは、ここで火といってるのは具体的な、目に見える火ではなくて、そういう自然界の基本構成をなしているものであって、しかもその中でも、とりわけパワフルであるが取扱注意であるエネルギーを指している、ということだ。しかし火を使うことが人類の文化の始まりであるとはよく言われることだ。ある意味では技術というものの根源がこの火というものとのつきあいにある。土器だって火がなければ作れないわけだしね。

恵梨子――原子力なんかもエレメント的には火なんでしょうか。

森本――そうかもな。現代人は何でも人間の力でコントロール可能だと思い上がっていた。それが強烈に突きつけられてしまったね。人間がコントロールできない力を解き放ってしまったというわば霊的な恐れが、放射能に対する恐れの中には入っているような気がする。たぶん、原子力についてて、科学でわかっていることはまだ一部でしかない。その影響は、科学的測定可能な領域だけではなくて、見えざるエネルギー次元にも広がっているかもしれないんだからね。技術というものの中核にある火というのは、それほど強大なものでありうる。自然に対する畏怖の感覚を忘れてはいけない。そういう火の力の強烈さをこの話からは読み取ることができる。

恵梨子――そして、そのあとの、イザナミの体から出たものから次々と神が生まれるというのが、かなり強烈なインパクトがありますね。

森本――体からいろいろな神が出てくるというイメージは神話にはよくある。もともと宇宙には巨大な身体を持った神があって、その神の体から宇宙のいろいろなパーツが出てくるというモチーフは「原始巨人」のイメージで、世界にいろいろとあるんだ。つまり、そこにはイザナミがすべてを生み出す母神であるというイメージが投影されている。

恵梨子——なんとなく大地のイメージがしてきますね。

森本——そしてさらに、ここでイザナミから生まれた神を見ると、カナヤマビコ・カナヤマヒメのペアは、鉱山の神であり、ハニヤスビコは、粘土の神、つまり土器に関係しているということも気がつく。これは火のパワーを用いる技術に関係しているわけだ。カナヤマビコ・カナヤマヒメをまつる神社はたくさんあって、金山神社と言われているものはだいたいそうだ。奈良県吉野にある金峰神社もそうだ。これはただ鉱山技術に関係しているというだけではなく、さきほど言ったように、そういう金属技術というのは一種の魔術のように思われていた時代があるのだ。錬金術だってそういう文化的背景があって生まれてきたものなんだよ。

恵梨子——そうなんですか？

森本——興味があればエリアーデの『鍛冶師と錬金術師』という本を読んでごらん。おもしろいから。吐いたものから鉱山の神が生まれるというのは、溶けた金属を流す光景から連想されたものだろうね。

恵梨子——そうですか。でも、排泄物から出てくるというイメージはすごいですわね。

森本——これはまた、いわばリサイクルの思想でもあるかな。生態系ではすべてが循環するわけだね。ある動物が排出するものは、また他の生物を養うことになって、すべて無駄がないようにできているのが自然というものだ。汚いというのはあくまで一つの生物種からみた視点に過ぎず、全体から見たら何も汚いものはない。自分の出したものを汚いと思うのは、不要だから出したものであるわけなので、再びそれを食べることのないようにと、自然がその生物に備えておいたシステムなのではないかな。ともあれ人間もしっかりと生態系の中に組み込まれていて人間だけが突出していたわけではない時代では、こういう神話も出てくるのだろう。

そういうわけで、イザナキノミコトの仰せになることには、「いとしい我が妻の命よ、子の一人の身代わりになろうというのか」と仰せになって、そこでその御枕元に腹ばいになって、御足元に腹ばいになって泣いたときに、その御涙に成った神は、香具山の畝尾《うねお》の木本《このもと》にいます、名は泣沢女《なきさわめ》の神である。そこで、その、神避りになったイザナミの神は、出雲の国と伯耆《ほうき》の国の境にある、比婆《ひば》の山に葬ったのだった。

恵梨子――そこで、イザナミはついに行ってしまいます。
森本――そのあとのイザナキについてまず語られている。
恵梨子――涙の神さまが生まれるのですね。
森本――気がついてもらいたいが、古事記が始まってから「悲しみ」が登場するのはこれが初めてだということだ。それまで、悲しみに限らずネガティブな感情はいっさいなかった。ヒルコにまつわる一種の隠微な感情は別にすればね。ひたすらに生成の喜びのみが書かれていたのだった。そここで初めてこういう人間的なというか、悲しみという感情が発生し、涙が生まれる。これはある象徴のようだね。ここで初めて、生成のエネルギーは感情という形を取り、それは涙という物質として現象化したわけだ。それはイザナミとの別離ということから発生した感情だ。つまり古事記は、それまでは自然とか地球という舞台を整えていたけれど、ここから人間という存在のありようが決まっていく段階に入ったのかもしれない。

恵梨子――人間界には別離があり、悲しみが存在するという条件が設定されたのですね。

ここで、イザナキノミコトは、腰に帯びている十拳《とつか》の剣を抜いて、その子カグツチの神の首を斬った。そのようにして、其の御刀の先についた血が、霊威ある石の群れに飛び散って、成った神の名は、イハサクの神。次に、ネサクの神。次に、イハツツノヲの神。

次に、御刀の鍔《つば》についた血もまた、霊威ある石の群れに飛び散って、成った神の名は、ミカハヤヒの神。次に、ヒハヤヒの神。次に、タケミカヅチノヲの神。またの名は、タケフツの神。またの名は、トヨフツの神。

次に、御刀の柄《つか》に集まった血が、手の指の間から漏れ出でて、成った神の名は、クラオカミの神。次に、クラミツハの神。

殺されたカグツチの神の頭に成った神の名は、マサカヤマツミの神。次に、胸に成った神の名は、オドヤマツミの神。次に、腹に成った神の名は、オクヤマツミの神。次に、陰《ほと》に成った神の名は、クラヤマツミの神。次に、左の手に成った神の名は、シギヤマツミの神。次に、右の手に成った神の名は、ハヤマツミの神。次に、左の足に成った神の名は、ハラヤマツミの神。

次に、右の足に成った神の名は、トヤマツミの神。

そして、斬った刀の名は、アメノヲハバリという。またの名は、イツノヲハバリという。

森本――そして次には、イザナキは生まれた子どもである火の神に対して怒りを覚える。そして剣で斬ってしまう。そしてその飛び散った血から、また多くの神が生まれたとある。
恵梨子――怒りも発生しましたね。
森本――そう。そして、血が神聖な岩（磐座《いわくら》）に飛び散って神が生まれたというのも、まだここでも生成の力は続いているということだ。血というのも特別な印象を与えるものだ。ここではイザナキの方が、その剣、血、岩といった要素から神々を生成している。これは、自分のからだから神を生み出していくイザナミとは違った生み方であるわけで、イザナミの生み方が基本的に母神的であるの対し、イザナキの生み方は男性的なエネルギーを感じさせることに注意したいね。ここで生まれた神の中には、のちほど古事記で重要な役割を果たすことになる、タケミカヅチという神も含まれている。また、剣というものが古代では貴重であったことは言うまでもないが、剣は恐ろしいほどのエネルギーをまた秘めている。そのエネルギーももとをたどれば宇宙生成のエネルギーに行き着くのだが、ここではそのエネルギーがとても男性的な性質のものになっている。
恵梨子――そういう、イザナキ、イザナミのエネルギー的な違いということが鮮明になってくるのですね。……それから、斬られたカグツチの体からも神々が生成するのですが。

森本――ここでの神々の生まれ方は、特に「宇宙巨人」タイプだ。頭、胸、腹、陰部、左手、右手、左足、右足だからね。こういうふうに体のいろんなパーツから神々が出てくるというパターンは神話によくある。ここでも小規模ながらそういう神話的思考が作用したと見てよい。文化によっては語らず、アメノミナカヌシみたいな存在とか、あるいはイザナキ・イザナミみたいな夫婦神について、最初にまず大きな神があってその体のパーツから宇宙ができたと語るものもある。そのイメージとしては中国の盤古とか、イランのガヨーマルトなどが有名だね。

恵梨子――ここのくだりでも、神々の名前がひたすら羅列されるということには意味があるのですね。

森本――これでもかと並べていくのは、宇宙生成の力がまだ衰えず、ものすごい勢いで生成が続いているということの表現なのだ。怒濤のような生成の流れがまだやんでいないのだよ。

恵梨子――それでは次に、黄泉の国の話になりますね。

第三章　黄泉の国

ここで、その妻イザナミノミコトに会いたいと思って、黄泉《よみ》の国に追っていった。そうして、イザナミノミコトが御殿より出てきて戸を閉じて向かい合った時に、イザナキノミコトが語って仰せになったことには、「いとしいわが妻の命よ、われとそなたとで作っている国は、まだ作り終わっていない。だから、帰ろう」と仰せになったのだった。

そうして、イザナミノミコトが答えて申すことには、「悔しいことです。もう少し早く来ていただきたかった。わたくしは黄泉の国の食べ物を口にしてしまいました。それでも、いとしいわが夫の君が来てくださったことはかたじけないことなので、帰りたいと思います。しばらく黄泉の神と相談をいたします。その間わたくしを見ることはなりません」と、このように申し上げて、その御殿の中に帰って行ったが、とても長い時間がかかり、待つことがむずかしかった。

それで、左の御みずらにさしていた霊威ある櫛の歯を一つ折り取って、一つ火をともして中に入って見た時に、うじがたかりころころとざわめいており、頭には大雷《おおいかづち》がおり、胸には火雷《ほのいかづち》がおり、腹には黒雷《くろいかづち》がおり、陰《ほと》には析雷《さくいかづち》がおり、左の手には若雷《わかいかづち》がおり、右の手には土雷《つちいかづち》がおり、左の足には鳴雷《なるいかづち》がおり、右の足には伏雷《ふすいかづち》がおり、あわせて八体の雷の神が、成っていたのだった。

恵梨子――このよみの国は、なんだか暗い世界のようなんですよね。
森本――真っ暗なのかな。
恵梨子――火をともさないと見えなかったわけですよね。
森本――このよみの国を単純に死後の世界と決めつけないほうがいいかもしれないね。この話の背景には、古代の「もがり」という習慣があったらしいんだよ。
恵梨子――もがり？
森本――そう、つまり、死んだ人の死体をしばらく置いておいて、その番をする。というのはもしかすると魂が戻ってきて生き返るかもしれないと考えられていたのだ。つまり、死後すぐは魂がまだ近いところにあって、完全に行ってしまっていないということだね。それで、死体が腐り始めると、あきらめて完全に行ったものだとするわけだ。おそらく、その死体の前には幕みたいなものが引いてあるとか、見えないようになっていて、それを見てはいけないというような決まりがあったのかもしれない。そういう背景を考えるとこの神話はよく理解できる。もっとも、古墳みたいなお墓の中がよみの国のイメージだというような説もあって、はっきりはしていないが。
恵梨子――タブーというか、禁止されると、必ず破ってしまいますね。
森本――それは神話とか昔話の基本パターンと言える。「見てはいけない」と言われると必ず見てしまうのが人間というものだ。
恵梨子――それはどうしてでしょう。
森本――一つは、人間というのはおよそ制限されるとそれを乗り越えようとする傾向が常にあるということも言えるね。だから、本当は見てもらいたいのならば「見てはいけない」と禁止をすればたぶん見てくれる。何も言わなければ無関心のままだったかもしれない。
恵梨子――好奇心ですか。
森本――それは人間の精神のかなり深いところにあるのではないかな。だから禁止を破ったからおろかだった、という解釈もある意味では一方的かもしれない。これも人類学なんかではいろいろな議論があって、およそ文化とは禁止から始まると言っている人もいる。しかし禁止を乗り越えることで文明が発達してきたという面もある。
恵梨子――タブーを破るのは必ず男性ですよね。私は男というのは愚かだということを言っているのかと思っていました。
森本――まあ、そういう面もある。いろんな面があるんだ。禁止を破って失敗するケースの方が圧倒的に多いだろう。でも決して制限された状態に満足することはできないんだね。自由への欲求というのはとても根源的に人間にあるものだと思う。
恵梨子――なにか先生はイザナキの肩を持っているような気もしますが……まあいいでしょう。ともかく、見てはいけないと言ったイザナミの姿を見て、ショックを受けたという話ですね。
森本――現代人はたぶん、うじがうごめいていてその音も聞こえたという描写にショックを覚えるかもしれない。

恵梨子――そうですね。

森本――ただ、昔はそういう光景はそれほど珍しいものであったかという気もするんだよね。現代人はすごく衛生管理された環境で生きているから、そういう情景は想像するだに恐ろしいものがあるが、その当時は、野山に行けば動物の死体などはいくらもあったはずだし、それに、さっき言った「もがり」で、実際に死体が腐っていくプロセスを体験していたかもしれない。だから、ここの部分については現代人とそうとう感覚が違うということに注意すべきだろう。これそのものは私たちが想像するほど衝撃的ではなかったかもしれないんだね。

恵梨子――なるほど。

森本――ただ、「腐る」という事実をここで突きつけている、とは言えると思う。人間の体はいつかは腐るものだ。それが肉体の本質であるということをこれ以上にはっきり示すイメージもないわけだ。それがつまり、「人間としての条件を設定する」という、この神話の意義になっているわけだよ。

恵梨子――そういう見方もありますか。

森本――恵梨子さんは、この場面のイザナミについてどのような印象を持つかな？

恵梨子――そうですね……エネルギーとしては、かなりダークな感じなのですが、同時に恐ろしいほどの強いパワーを持っているという感じですね。何か、圧倒的ですね。

森本――つまりイザナミがそれまでは見せていなかったある一面がここに見えてしまった、ということかな。ここで注目されるのは、イザナミの体から八つの雷神が出現していることだと思う。ここでも、頭、胸、腹、陰部、左手、右手、左足、右足と雷神が生まれている。
恵梨子――カグツチと同じパターンですね。
森本――これって怪物だと思うかな?
恵梨子――雷神それ自体は決して悪の存在ではないはずですよね。
森本――善悪を超えた強大なパワーという印象も受けるね。これはもともと母神イザナミが持っていた巨大な力だと思うんだ。
恵梨子――でもイザナキはそれを見て恐れを抱いたわけですね。そして逃げようとする。
森本――ここではイザナキは、イザナミのパワーに圧倒されている。そして恐怖を抱いている。さてここで思い出したいが、古事記の中で最初に「恐怖」が語られるのもこの時点であるわけだ。
恵梨子――そうですね。
森本――だから、このよみの国訪問の話で本当に語られているのは、「死の恐怖」かもしれないんだね。イザナミの恐ろしい姿は、恐怖というフィルターで見ているせいかもしれないということだ。
恵梨子――それですごく暗い世界のように見えると。
森本――私の立場からすれば死は幻想なんだ。実際には存在しないものだ。エネルギーは永遠だからね。肉体は腐敗してなくなることがあるが、エネルギーは不滅である。
恵梨子――それは古事記では理解されていたことでしょうか。

森本――それはどうかな。そのへんは、現在の私たちの立場から見ているという話になるかもしれないが。ただ、この話は、明らかにイザナキの恐怖がテーマになっているように見える。死そのものよりも、死への恐怖が問題なのだ。あるいは、死の向こう側にある、何か圧倒的なものに恐怖を抱くということだ。人間の限界を超えたあるものとの出会いが、恐怖をもたらすのだ。
恵梨子――それで逃げるわけですね。
森本――それが次の段になるね。

ここで、イザナキノミコト、見て怖くなり逃げ帰るときに、その妻イザナミノミコトの言うことには、「わたくしに恥をかかせましたね」と言って、すぐにヨモツシコメ（黄泉の国の醜女）をつかわして、追わせたのだった。そうして、イザナキノミコトは、黒い御かずらを取って投げ捨てると、そこから山ぶどうが生った。これを拾って食べている間に、逃げていった。また追って行った。また、その右の御みずらに挿していた霊威ある櫛の歯を抜いて投げ捨てると、そこにたけのこが生った。これを抜いて食べる間に、逃げていった。
またその後には、その八体の雷の神に、千五百人の黄泉の国の軍勢を添えて追わせた。そうして、腰に帯びていた十拳の剣を抜いて、後ろ手に振りつつ、逃げてきた。なお追ってきた。よもつひら坂の坂本まで来た時に、その坂本にある桃の実を三つ取って待ち受け、投げつけると、ことごとくその坂を帰っていった。そこでイザナキノミコトは、桃の実に告げることには、「そなたは、われを助けたように、葦原中国《あしはらのなかつくに》（地上世界）のあらゆるうつくしい青人草（生ある者）が、苦しいめにあい悩んでいる時に、助けなさい」と、このように告げて、名を授けてオホカムヅミノミコトと名づけたのだった。

最後に、その妻イザナミノミコトが、みずから追ってきた。そこで、千引《ちびき》の岩をそのよもつひら坂に引いてきてふさいで、その岩を中において、おのおの向き合って立って、ことど（離別の言葉）を渡す時に、イザナミノミコトが言うことには、「いとしいわが夫の君、このようにするならば、あなたの国の人草を、一日に千人くびり殺しましょう」と言った。そこで、イザナキノミコトが仰せになることには、「いとしいわが妻の君、そなたがもしそうするならば、われは一日に千五百の産屋《うぶや》を立てよう」と仰せになった。

こういうわけで、一日に必ず千人が死に、一日に必ず千五百人が生まれるのである。そういうわけで、そのイザナミノミコトを名づけてよもつ大神という。

森本――それで最終的に、よもつひら坂というところで、大きな岩で境界をふさぎ、「ことどわたし」と呼ばれる、離別の宣言をするということになる。これで生と死の境界が画定した、と言われているね。

恵梨子――そして、一日に千人が死に、千五百人が生まれるということになります。

森本――生と死のサイクルでこの人間の世界が成り立つという基本構造が決まるという意味だよね。そして生まれる方が多いというのは、死を含みつつも基本的に人間世界は発展をしつづけるという意味合いが含まれているのは疑問の余地がない。ここで語られているのは、人間であるということは、必然的に、彼方にあるものとの間にベールがかけられた状態に置かれることを意味する、という事実だ。つまり人間は、この宇宙の根源にあるものが完全にはわからない状態に置かれるということだ。人間が恐怖を持つのは、その根源から来るものをその完全な形で見ることに対する恐怖がその根源にある。

恵梨子――つまり、恐怖を持っているということが人間であることの条件、みたいな……。

森本――そう。イザナキは、死の彼方にあるものを「見てはいけない」と言われたが、でもどうしても見たいと思って、見てしまう。ところが見たものは、とても直視できない何かだった。そのために逃げてきた……そういう話であるわけだよね、単純化すれば。

恵梨子――そうですね。とても直視できなかったほどに恐ろしかったわけですね。

森本――でも、彼方にあるものは本当は恐ろしくはないのだ。この神話は、それをどうしても恐ろしいものと思ってしまう、という人間の条件づけについて言っているように見える。

恵梨子――それは新説でしょうか。

森本――それはよくわからないが。ともあれ、ソースエネルギーの視点から見れば、この生と死の境界というのも、幻想には違いないのだ。あると思っているからある、というようなものだ。イザナミの生成の力は途方もないものだ。それは宇宙の根源に由来するむすひの力から受け取っているものだね。だけれどもイザナキは、その力を恐怖というフィルターを通して見たために、とても恐ろしいもののように見えてしまったわけだ。おそらく、肉体の崩壊という光景にショックを受けて、そのような事態を引き起こすパワーそのものを、恐ろしいものと受け取ってしまったのだろうね。

恵梨子――つまりイザナキは幻想を見たのでしょうか。

森本――いや、すべては幻想なんだけどね。しかし、人間という世界が作り出す幻想とはそういうものだ、ということだね。ともあれ、人間はその境界をふさいでしまった。というより、これは神がおこなったことだから、神々がそのように世界の構成を定めた、ということになるが。

恵梨子――ということは、よみの国というのは幻想ですか。

森本――それは、あると思っているからある、というものだろうと思う。集合意識がそういう世界の体験を作り出すのだ。古事記にちょっと即して言えば、このあと古事記には根の国とか、ほかに他界のイメージが出てくるのだけどね、それはこの段のよみの国ほど真っ暗な暗い世界のようには書かれていないのだ。どうも、古代人がこのよみの国のようにダークなものとして死後世界を想像していた、というのはちょっと違う気がする。この話は、死後世界はどういうものかということより、死に対する恐怖の発生について語っているという私の解釈はそういうところからも来ている。

恵梨子――そうですか。では、そろそろ次へまいりましょう。みそぎの場面ですね。

第四章　みそぎ

こういうわけで、イザナキの大神が仰せになることには、「われは、なんともみにくく、きたない国に行ってしまったものよ。そこで、われは、身のみそぎをすることにしよう」と仰せになって、筑紫の日向《ひむか》の橘の小門《おど》のあはき原までやってきて、みそぎをした。

そこで、投げ捨てた御杖《みつえ》に成った神の名は、ツキタツフナトの神。

次に、投げ捨てた御帯《みおび》に成った神の名は、ミチノナガチハの神。

次に、投げ捨てた御嚢《みふくろ》に成った神の名は、トキハカラシの神。

次に、投げ捨てた御衣《みけし》に成った神の名は、ワヅラヒノウシの神。

次に、投げ捨てた御褌《みはかま》に成った神の名は、チマタの神。

次に、投げ捨てた御冠《みかがふり》に成った神の名は、アキグヒノウシの神。

次に、投げ捨てた左の御手の手纏《たまき》に成った神の名は、オキザカルの神。

次に、オキツナギサビコの神。次に、オキツカヒベラの神。

次に、投げ捨てた右の御手の手纏に成った神の名は、ヘザカルの神。次に、ヘツナギサビコの神。次に、ヘツカヒベラの神。

ここで仰せになることには、「上つ瀬は、瀬の流れが速い。下つ瀬は、瀬が弱い」と仰せになって、初めて中つ瀬に入って身をすすいだ時に、成った神の名は、ヤソマガツヒの神（八十禍津日神）。次に、オホマガツヒの神（大禍津日神）。この二柱の神は、そのけがれの多い国に行ったときに、けがれたことによって成った神である。

次に、その禍《わざわい》を直そうとして成った神の名は、カムナホビの神（神直毘神）、次に、オホナオビの神（大直毘神）。次に、イヅノメ。

次に、水底で身をすすいだ時に、成った神の名は、ソコツワタツミの神。次に、ソコツツノヲノミコト。

中にすすいだ時に、成った神の名は、ナカツワカツミの神。次に、ナカツツノヲノミコト。

水の上にすすいだ時に、成った神の名は、ウヘツワタツミの神。次に、ウハツツノヲノミコト。

この三柱のワタツミの神は、阿曇《あずみ》の連《むらじ》らが祖先の神として祀っている神である。そこで、阿曇連らは、そのワタツミの神の子、ウツシヒカナサクノミコトの子孫である。そのソコツツノヲ・ナカツツノヲ・ウハツツノヲの三柱の神は、墨江《すみのえ》の岬の大神である。

ここで、左の御目を洗ったときに、成った神の名は、アマテラスオホミカミ（天照大御神）。次に、右の御目を洗ったときに、成った神の名は、ツクヨミノミコト（月読命）。次に、御鼻を洗ったときに、成った神の名は、タケハヤスサノヲノミコト（建速須佐之男命）。

恵梨子――またもやものすごい数の神さまが生まれていますね。

森本――そうね。これまでもいろいろ神は生まれていたが、それには性的な方法によるものと、そうでないものがあった。そしてイザナキはこれまで、剣と飛び散る血によって神を生んでいるんだが、今度はみそぎによってたくさんの神々を生んだ。このみそぎというのは、ここにあるように、体を流れる水で清めることだ。けがれを払うという意味だ。このみそぎというのは、神道のひじょうに重要な部分になっている。「筑紫の日向の橘の小門のあはぎ原に」というのは、神道の祓いのことばには必ずといっていいほど入っている定型だ。

恵梨子――神社でご祈願をするとき、最初に参列者を清めるときに使う言葉ですね。お祓いはこのイザナキのみそぎが神話的な原点なのですね。

森本――ここで注目されるのは水の力だね。俗に「水に流す」などと言うが、水には清めの力があるというのが日本での基本的な理解だということだ。水には特別な浄化力があるというのは、水というエレメントの性質なんだろうか。いずれにしてもイザナキは、ここでみそぎを行い、たくさんの神を生む。そしてその神々の中でも最後に生まれたのが、アマテラス、ツクヨミ、スサノヲの三神だ。ここでイザナキは性的な方法によらずに重要な神々を生むことに成功している。これは、ある意味ではよみの国へ行ったことの成果とも読めなくもない。その恐るべき生成のエネルギーを浴びたということかもしれない。

恵梨子――この段で生まれた神さまの中でおもしろいと思うのは、ヤソマガツヒの神、オホマガツヒの神という、「まがこと」、つまり、わざわいをもたらす神までが生まれていることです。ところがそのすぐあとで、そのまがことを元に戻す神、カムナオビの神、オホナオビの神が出現しているんですね。

森本――それはなかなか示唆的だ。つまり生成エネルギーは、けっして、よいことばかりが存在している世界を作ろうとはしていない、ということなんだね。むしろ、コントラストがある世界を創造しているわけだ。悪いこともあり、そしてその悪いことを直すということがある。そういう要素が含まれたものとして世界は生まれているわけだ。

恵梨子――悪いことが何も存在しない世界は、むすひの神の意図にはないのですね。

森本――もともと、二極性、二元性というのが宇宙の生成の原理だったはずだ。コントラストがあるということは宇宙の豊かさを増していくことなのだ。その二元性のテーマは、次のスサノヲの神話でまた大々的に出てくることになる。

恵梨子――みそぎというのは、けがれてしまったものを元に戻す、ということなのですよね。

森本――そう。その、けがれということをどう理解するかなんだが、私は、本来の純粋な生命エネルギーの状態からはずれてしまった、それてしまった状態がけがれている状態ではないかと思う。それを元の純粋な生命の状態に戻すことがみそぎということになる。

恵梨子――ソースエネルギーとつながっている、といいますか、そういう感じでしょうか。

森本――そういうふうに言ってもいいだろうね。それが神道の根本的な発想だろうと思う。つまり人間は、本来、純粋な生命エネルギーによって生み出され、その一部としてあるので、その本来的な姿としては、きわめて輝かしく清いものだ、という理解があるわけだ。それは、人間は基本的に罪があるものだという理解とは根本的に違っているね（なお、これは西欧によくみられるキリスト教的な理解であって、キリスト教にもいろいろな考え方がある）。その本来の清い状態に戻ることが、神道の目的なんだ。みそぎはそのための象徴的な儀式だというわけだ。

恵梨子――そこで水の力を借りるのですね。

森本――水の力を借りて。水というエレメントはなぜかそういう浄化力があるんだね。火にも浄化力はあるが、それはまたちょっと違う性質のものだろう。仏教では、護摩だとか、よく火を使うね。ともあれ日本の神々の世界では、清めることを担当する神さまはほとんど水に関係する神さまなんだよね。

恵梨子――そこで最終的に、三柱の神々の誕生です。

森本――いよいよ主人公たちの登場か……しかし恵梨子さんも知ってると思うが、このうち真ん中の月の神さま、ツクヨミは、なぜか古事記には二度と登場しないんだよね。それは古事記の謎の一つに数えられている。日本書紀では一度また登場するんだけどね。

恵梨子――なぜツクヨミは活躍しないんでしょうか？　影が薄いですよね。もっとも意外とツクヨミって人気があるんですよ。登場しないところがミステリアスというか、けっこう好きな人がいるんです。

森本――そうらしいね。ツクヨミが登場しない理由は、古事記を作った人の思考様式を考えてみるとヒントが得られるかもしれない。他の文化での神話を参考にしてみると、基本的には、太陽の神（日本ではアマテラスだね）と月の神は、対になっていると言える。古事記でも、左目を洗ったときに生まれたのがアマテラス、右目のときがツクヨミとなっている。この、太陽と月を両眼に対応させるという発想法も、世界の神話にはかなり多いパターンだと言える。だから、本来は、太陽と月のペアが二元性を作って、世界を動かして行くという神話が基本パターンとしてある。ところが日本神話では、そこに末の子スサノヲというものが登場する。神話とか説話のパターンとして、三人のきょうだいが登場する話は多いが、その場合はたいてい、いちばん上の子と下の子が活躍して、真ん中の子は影が薄くなりがちなんだ。つまり整理すると、ここには、「日月の対」という神話的モチーフと、「三人きょうだい」という話のパターンを作ろうという傾向が両方ともあって、結果的にはその「三人きょうだい」のパターンで真ん中の子がとばされてしまうパターンの方が優勢になったんだよ。どうしてかというと、このあとアマテラスとスサノヲとの対立、葛藤が神話のメインテーマになってくる。この二人によって二元性が作られてくるという展開になるわけだ。そうすると最初にあった太陽と月の二元性というのはどこかへ行ってしまって、アマテラス対スサノヲの二元性が話の流れを支配するようになる。そういう、物語を作っていくロジックというかな、そういう関係でツクヨミの出番がなくなってしまったのだろう。

恵梨子——もともとは、太陽と月の神の葛藤という話だったのですかね？

森本——いや、それはどうもよくわからないね。いずれにしろ、日本神話では、太陽と月というのは対立を作らなかったんだね。

恵梨子——その代わりに、嵐の神スサノヲが活躍するのですね。ところで、この三柱の神にそれぞれ治める領域をイザナキが指示しますね。アマテラスが天界、ツクヨミが夜の国、そしてスサノヲが海原と。これを「三貴子の分治」と言うんですね。

森本――ただイザナキは、自分の首飾りをアマテラスだけに与えている。つまり三人の中でもアマテラスに最高権威があるということは最初から決められていたわけだ。ところでこの分治というものだが、実際のところ、その後の話はあんまりこれと関係ない。アマテラスが天界を治めることだけはたしかだが、スサノヲの海というのもほとんど出てこないからな。

恵梨子――そしていよいよ、アマテラスとスサノヲの話が始まりますね。

第五章　アマテラスとスサノヲ

このときに、イザナキノミコトは、大いに喜んで仰せになることには、「われは、子を生み続けて、生みの最後に三柱の貴い子を得た」と仰せになって、さっそくその御首飾りの玉の緒を、もゆらに取りゆらかして、アマテラスオホミカミにお授けになって、仰せになることには、「そなたは、高天原を治めよ」と、委任をしてお授けになった。そこで、その御首飾りの玉の名は、ミクラタナの神という。次に、ツクヨミノミコトに仰せになって、「そなたは、夜の国を治めよ」と委任をされた。

次に、タケハヤスサノヲノミコトに仰せになって、「そなたは、海原を治めよ」と委任をされた。そうして、それぞれ委任されたお言葉のままに治めていた中で、ハヤスサノヲノミコトは、仰せつかった国を治めることなく、ひげの長さが拳八つになり胸まで届くようになっても、泣きいさちるのだった。その泣くさまは、青山を枯れ山にごとくに泣き枯らし、川や海はことごとく泣き乾してしまった。こういうわけで、悪しき神の声が、小蝿《さばえ》のごとく満ち満ちて、よろずのもののわざわいが、ことごとくわき起こったのだった。

そこで、イザナキの大御神は、ハヤスサノヲに仰せになって、「どういうわけで、そなたが、任せられた国を治めることなく、泣きいさちるのか」と仰せになった。そこで、答えて申し上げることには、「わたくしめは、母の国の根の堅州国《かたすくに》に参りたいと思いますので、泣いております」と申し上げた。

するとイザナキの大御神は、大いに怒って仰せになることには、「そういうことならば、そなたは、この国にいてはいけない」と仰せになって、すぐに神やらい（追放）をされたのだった。

恵梨子――まず、スサノヲは与えられた海原を治めることをせず、大人になってひげが伸びるまで泣き続けたというところからですね。

森本――成熟を拒否しているということだね。

恵梨子――そのために山が枯れ、水が干上がり、悪い神々が満ちあふれたとあります。

森本――これはスサノヲが自然界、世界とつながっている強大なパワーを秘めていることを表している。

恵梨子――自然と連動しているのですね。

森本――そう、それがこの時点では秩序を混乱に陥れるものになっているということだ。

恵梨子――そしてその泣いている理由を尋ねられると、「母の国に行きたい」と答えたのですね。これはどういう意味でしょうか。

森本――この母の国というのは、イザナミのいる場所と解釈することもできる。実際にはスサノヲはイザナキのみそぎで生まれたわけだから、母はいないということも言える。しかし、必ずしも、みそぎの前に出てきた陰惨な感じのよみの国のことを言っている、とも言えないところもある。そのような真っ暗で恐ろしい世界に帰りたいと思う人がいるだろうか。あの暗さは実際の死後の世界がそうだというより、イザナキの抱いた恐怖がそのように見せていたのだ、と私たちは解釈したのだった。

恵梨子――「根の堅州国」という世界ですね。これはよみの国とは同じではないとすれば、どういう国なんでしょうか。

森本――この名前からは、根源の国というイメージが感じられる。根の堅州国はのちに、オホクニヌシの神話の舞台となるが、決して暗い国というわけではない。何か、根本にある世界だという感触があるね。私はゲーテの『ファウスト』という作品を思い出すが……最初のほうに、主人公ファウストが、「母たち」という言葉に衝撃を覚えるところがある。つまり、普通の理性、知性にはうかがい知れない、存在の根源の世界というようなニュアンスがある。根の堅州国も、そういう感じがする。

惠梨子——つまりスサノヲは、もといた世界に戻りたいと言っているのでしょうか。

森本——そう、つまり、生まれてきたこと自体を受け入れていない状態と言える。それ以前の存在状態に戻りたいというのだ。実のところ、今の人々の中でも、心の底、魂の奥では、地球人として肉体を持って生まれてきたことを完全に受け入れていないという人が多いのではないだろうか。魂の郷愁というか、もといた世界に帰りたいという感性を抱いている人は少なくないような気がするね。ファウストの衝撃も、そういう部分が自分の魂の中にあることで何か強い共鳴をしたということではないかな。

惠梨子——もといた世界というのは……。

森本——つまり、人間はもともと本質的にはソースエネルギーの延長として存在しているわけだ。その純粋な本質においては、形のないエネルギーであることが本来の存在状態であると言える。その状態を魂とかそういう言葉で呼んでいると考えられる。その状態から、身体をもってこの世界に生きるという状態に移行するのが生まれるということであるわけだが、その身体を持っているということがひどく不自由に感じられることがあるのだ。子どもの時代には、たぶん自分がエネルギーであった時の記憶が残っているのかもしれない。それが、成長するとともに忘れられていき、自分は身体であるという思考が強くなっていく。

惠梨子——ということは、成長を拒否するスサノヲは、その記憶を強烈に持っているわけですね。

森本——そう、だから、母の国に帰りたいというのは、自分のもともとの状態に戻りたいという郷愁なのだろうと思う。自分はなぜここにいるのか、という疑問というか、そういうことだ。「遊星的郷愁」なんていう言葉も、昔あったと思うが……。

恵梨子——そういう、いわば他界への郷愁というのが、危険なのですね。

森本——それによって世界にわざわいが起こってしまうという記述は、もちろんこの「泣きいさちる」行為を肯定はしていない。帰りたいといっても、ただ成熟を拒否して泣いているだけではどうしようもない。ただ、ここで、「母の国に帰りたいという気持ちもわからないことはない」という感性を読者が持っていることも必要だろうと思う。つまり、より大きな、根源的な世界から私たちがここに到来しているということも、否定しがたい事実だからだ。

恵梨子——でも父のイザナキは、そのようなスサノヲに怒って追放してしまいますね。

森本——つまりスサノヲの行為は、世界が生成発展しようとする方向と逆行するからだ。イザナキはあくまでも、宇宙の創造を推進していく立場だからね。ところがスサノヲは、そういう分節された世界ができていく過程そのものを否定しているところがある。それが何か大事なものを忘れてしまうという感覚を持っているのだ。

恵梨子——もとの混沌に戻ってしまうというか……。

森本——そう、秩序が何もない無分節の状態に戻そうという力として働くのだ。スサノヲの力はそのように、宇宙生成に逆行し、形のない世界に戻そうというベクトルを含んでいる。ある意味、スサノヲは純粋なエネルギーの力を体現する。つまり、形を壊し、エネルギーの状態に戻していく。

それが破壊をつかさどる神として世界の神話に登場するものだ。それはしばしば嵐の神とか、雷の神というようなイメージを取る。

恵梨子——インドの神話に出てくるシヴァとかも、そうですか。

森本——そう、シヴァも破壊の神だね。形を壊すことは純粋なエネルギーを輝かすということでもある。たぶん、台風が来ると妙に精神が高揚するというようなタイプの人がいると思う。そういう人はエネルギーの感覚に敏感なのだ。嵐には純粋なエネルギーの輝きがある。それをキャッチしているのだ。だから嵐の神というイメージで神話に登場する神も、そういうエネルギーの感覚から発していると考えられるだろう。

恵梨子——そういう猛烈さが、スサノヲにはあるのですね。

森本——そこで、ここから、アマテラスとスサノヲの対立という話になってくる。これは古事記の中でもハイライトと言える場面だが、この対立は基本的な宇宙的な原理の対立でもあるかもしれない。

恵梨子——そういうわけで、スサノヲは姉のアマテラスにあいさつをしようと、高天原に上っていきますね。ここで次の場面になります。

さてそこで、ハヤスサノヲの言うことには、「それならば、アマテラスオホミカミに申し上げてから参ろう」と言って、すぐに天に参り上るときに、山川はことごとく動き、国土はみな震えた。

そうして、アマテラスオホミカミ、聞いて驚いて仰せになることには、「わが弟の命の上り来るわけは、きっとよい心ではないであろう。わが国を奪おうと思っているにちがいない」と仰せになって、すぐに御髪を解いて、御みずらを巻いて、そして左右の御みずらに、また、御かづら（髪飾り）に、また、左右の御手に、それぞれ八尺《やさか》の勾玉の五百津《いおつ》のみするまの珠を巻きつけて、鎧の背には千本の矢入れを背負い、胸には五百本の矢入れをつけ、また、霊威ある竹の鞆《とも》を取りつけて、弓の腹を振り立てて、堅い土に、腿が埋まるまで踏みつけて、淡雪のように土を蹴り散らかし、雄々しくも憤怒のありさまであった。荒々しく土を踏み鳴らし、待って問うことには、「どういうわけで上ってきたのか」と問うたのだった。

ここで、ハヤスサノヲノミコトが答えて申すことには、「わたくしは、悪しき心はありません。ただ、大御神の仰せで、わたくしが泣きいさちることをおたずねになるので、申し上げまして、『わたくしは、母の国に行きたいと思いまして泣いているのです』と申し上げました。すると大御神が仰せになるには『そなたはこの国にいてはいけない』と仰せになって、神やらいに追い払われましたので、まかり行くことになったわけを申し上げようと思いまして、参り上ってきたのです。ほかの心はありません」と申し上げた。

そうすると、アマテラスオホミカミの仰せになることには、「それならば、そなたの心が清く明らかであることは、どのようにしてわかるのか」と仰せになった。ここで、ハヤスサノヲノミコトの答えて申すことには、「それぞれうけいで子を生みましょう」と申し上げたのだった。

恵梨子――やはり、自然が鳴動してますね。
森本――そのスサノヲの強大なパワーはやはり印象的だ。強大であるが、未熟であり、混乱しているという状態だね。
恵梨子――ところでアマテラスですが、弟が来るのを見て、邪心があるのではないかと疑いますね。つまり、高天原を乗っ取ろうというのではないかと。
森本――ある意味で、スサノヲの力は自分がコントロールできないものだから、天界に害をなす可能性はたしかにある。スサノヲの力に対して本能的に危険を感じてもおかしくはない。
恵梨子――そこでおもしろいのは、アマテラスが男装をして、いくさのかっこうをしてスサノヲを迎えるというところですね。このアマテラスがりりしい男装をしているという姿がとても印象的です。
森本――たしかに。ここでアマテラスという神さまが何であるのかという話になってくると思うね。この神さまが日本神界の中心になっていくわけだから。
恵梨子――そうですね。今まで出てきた、むすひの神とか、イザナキ・イザナミはある程度性格がはっきりしていましたね。
森本――むすひの二神は根本的な生成のエネルギーの純粋な姿であるし、イザナキ・イザナミは男性的・女性的という二つの原理で宇宙が生成するという、その根本をなしているエネルギーを意味していた。そこで、アマテラスとスサノヲとは何か、その葛藤は何を意味するのかということになる。

恵梨子――スサノヲが反・秩序のエネルギーであるというお話があったと思いますが、そうするとアマテラスは秩序を示しているわけですね。

森本――簡単に言ってしまえばそのように言えなくもない。そして、アマテラスは太陽であり、スサノヲは嵐の神であるというイメージも明らかだね。

恵梨子――問題は、アマテラスが女性、つまり女神であるということですよね。太陽神が女性であることは珍しいのでしょうか。

森本――たしかに太陽は男性のイメージで語られることが多いとは言える。ここで、スサノヲを迎えるときのアマテラスは男の姿をしている。古事記の文体はこの部分、かなり躍動する感じであり、ここからの部分はなんらか演劇のように演じられていたという可能性もうかがわせる。

恵梨子――アマテラスには雄々しいという部分もあるということですよね。普通の意味での女性的というだけではなくて。

森本――そう、古事記の描写は明らかにそれを示しているね。アマテラスはいわゆる男性的な部分を含んでいる。それは一つのポイントだ。

恵梨子――男装のアマテラスは、けっこうかっこいいと思いますよ。そして、スサノヲに向かって厳しく問いただしますね。

森本――アマテラスは本当は男性であるという考えも、昔からあるんだよ。

恵梨子――え、そうなんですか。

森本――つまり古事記や日本書紀に描かれた女神としてのアマテラスは仮の姿で、本当は男の神であると。つまり、もともと太陽神があって、それをまつり、かつ、その太陽神と聖なる結婚をする巫女がいるというパターンがある。女性としてのアマテラスはもともとはその太陽神の妻である巫女であったものが、女神としてまつられるようになったという説もあるんだ。

惠梨子――ふうん、そうなんですか。でも古事記を読む限り、アマテラスが女性ではないというのは無理がありそうですね。

森本――まあこれは、そもそも太陽神の本質とは何かという話にもなってくるんだ。そこまでいくと、話がちょっとディープになってくるが、それはまた、あとの天の石屋《いわや》のところでまた話すこととしよう。

惠梨子――では、うけいですね。

こういうわけで、それぞれ天《あめ》の安《やす》の河を中にはさんで、うけいをするときに、アマテラスオホミカミは、まず、タケハヤスサノヲノミコトが腰に帯びていた十拳の剣を請い受けて、三つに打ち折って、ぬなとももゆらに天の真名井《まない》の水を振りそそいで、さがみにかんで（口の中で何度も噛んで）、吹き出したいぶきの狭霧《さぎり》に成った神の名は、タキリビメノミコト、またの名は、オキツシマヒメノミコトという。次に、イチキシマヒメノミコト、またの名は、サヨリビメノミコトという。次に、タキツヒメノミコト。

ハヤスサノヲノミコト、アマテラスオホミカミの左の御みずらに巻いた八尺の勾玉の五百津のみするまの珠を請い受けて、ぬなとももゆらに天の真名井の水を振りそそいで、さがみにかんで、吹き出したいぶきの狭霧に成った神の名は、マサカツアカツカチハヤヒアメノオシホミミノミコト（正勝吾勝々速日天之忍穂耳命）。また、右の御みずらに巻いた八尺の勾玉の五百津のみするまの珠を請い受けて、さがみにかんで、吹き出したいぶきの狭霧に成った神の名は、アメノホヒノミコト。また、御かずらに巻いた珠を請い受けて、さがみにかんで、吹き出したいぶきの狭霧に成った神の名は、アマツヒコネノミコト。また、左の御手に巻いた珠を請い受けて、さがみにかんで、吹き出したいぶきの狭霧に成った神の名は、イクツヒコネノミコト。また、右の御手に巻いた珠を請い受けて、さがみにかんで、吹き出したいぶきの狭霧に成った神の名は、クマノクスビノミコト。あわせて五柱である。

ここで、アマテラスオホミカミは、ハヤスサノヲノミコトに告げて言うことには、「この、後に生んだ五柱の男の子は、私の物によって成ったのですから、つまり我が子です。先に生んだ三柱の女の子は、そなたの物によって成ったのですから、そなたの子です」と、このように決められたのだった。

そこで、ハヤスサノヲノミコトは、アマテラスオホミカミに申し上げて、「わたくしの心が清く明らかであるので、わたくしの生んだ子は、やさしい女の子だったのです。ここから言えば、もちろん私の勝ちになります」と言って、……。（以下続く）

森本――この、うけいというのは、お互いの持ち物を交換して、それを口に含み、はき出した霧の中から神々が生まれるというものだ。アマテラスはスサノヲの剣を、スサノヲはアマテラスの玉を取って、そこから神々を生んでいる。この箇所も、とても文章が高揚していてリズミカルな部分だ。ひじょうに生き生きとしている。つまり神話を語る人は、この場面をとても楽しんでいるようだ。詳しく原文について解説できないのが残念だ。

恵梨子――アマテラスは男の神を生み、スサノヲは女神を生みますね。そこで最終的にスサノヲが勝ったということになっていますが……。

森本――実はこのうけいというのは、勝負としてはよくわからない。謎が残っている。というのは、まずゲームで勝負を決めようという時、最初にルールを決めておくのが普通だろう。コインで決めるのであれば、表が出たらどうで、裏が出たらこうと決めておいてから、始めるものだ。だからここでは本来、生んだ神が男女どちらならば勝ちなのか、あらかじめ決めておかなければならない。それに、考えてみれば、生んでしまった後になって、アマテラスが、これはどちらの子だと見なすのかを決めているというのもいよいよおかしい。そして日本書紀に出ているバージョンを見ると、古事記と同じではない。いよいよわからなくなる。

恵梨子――スサノヲは、自分が勝ったことを当然だと思っていますね。つまり、女神を生んだ方が心が清いというのは、言うまでもなく最初からわかっていることであるかのように言っています。

森本――それはもしかしたら、勝ったと主張している、強弁しているだけかもしれない。もう一つ気になるのは、アマテラスがスサノヲの剣によって生んだ最初の神さまが、「正勝吾勝々速日天之忍穂耳命」というすごい長い名前だが、この最初の部分は「正しく勝った、吾は勝った」という意味だね。つまり、この名前はアマテラスの「勝ち」を示唆している。実はこの神がアマテラスの直系として、のちのち、最初の天皇とされる神武天皇までつながっていくことになる。だから、うけいということの意味には、アマテラスが子孫を作ったということがある。しかもアマテラスも、父イザナキと同様、性的な行為によらずして子をもうけたわけだ。このうけいについて、実質的には弟スサノヲとの間に子を作ったことになる、ということを言う人もいる。

恵梨子――そうとも言えますか。

森本――まあ、そういうのを、政治的な操作だと言っている人もいるが、古代人の頭は現代人とは違うからな。神話に対する敬意というものを常に持っているわけだし、明らかに伝えられていることと違うことをでっちあげようとしたとは思わない。ただ、彼らが、アマテラスをこの上なく清浄な存在であると理解していたことはたしかだろうね。そこには性的な生殖というものは入り込む余地がない。そこがきわめて性的なる母神であるイザナミと大きく違うところだ。世界の神話を見れば、イザナミのような母神のタイプは多い。同時にまた、処女神というものもそう珍しくはないだろう。

恵梨子――ギリシアのアルテミスとかですね。

森本――古代人は、神々が子を生む方法は性的な方法ばかりではないと理解していたから、処女神アマテラスがうけいのような方法で子を作る神話ができたわけだ。

恵梨子――でも、うけいの勝負の不可解さは残りますね。

森本――たしかに、「女神の方が清い」という論理は必ずしも他の場所に出てくるものではなく、無理な理屈のようにも思える。つまりそれが暗黙の前提だったということはなさそうなのだ。その無理な理屈、強弁が通ってしまったことは、ここではアマテラスが、スサノヲの持っているエネルギーに負けてしまったことを意味するだろう。つまり、勢いに押されてしまった、というふうに読める。生んだ子の性別がどちらだったにしても、スサノヲは自分の勝ちだと強弁したかもしれない。それにアマテラスはなぜか抵抗しなかった。

恵梨子――そうですね。アマテラスが、そんなことはないと反論し、どちらが勝ったのかの論争になるという展開だって考えられるはずですし。

森本――だから、この勝負は決してルールによって決まったわけではなく、いちおうけいはしたものの、スサノヲの勢いが勝ってしまったという結末になったわけだ。

恵梨子――反秩序のエネルギーが圧倒したわけですね。

森本――そう、そこでつねにスサノヲの持っている、有りあまる狂暴とも言える力、エネルギーが、この勝利宣言の時から爆発してくるわけだからね。

恵梨子――そこで、高天原での乱暴というシーンになりますね。

そこで、ハヤスサノヲノミコトは、アマテラスオホミカミに申し上げて、「わたくしの心が清く明らかであるので、わたくしの生んだ子は、やさしい女の子だったのです。ここから言えば、もちろん私の勝ちになります」と言って、勝ちの勢いに乗じ、アマテラスオホミカミの作る田の畦を壊し、その溝を埋め、また、その、大嘗《おおにえ》を召し上がる御殿にくそをまき散らした。だが、そうであっても、アマテラスオホミカミは、とがめることもなく言うことには、「くそのようなものは、よって吐き散らそうとして、我が弟の君が、そうしたのでしょう。また、田の畦を壊し、溝を埋めたのは、土地を惜しいと思って、我が弟の君がそうしたのでしょう」と、詔《の》り直しをしようとしたが、やはりその悪いおこないはやむことなく、ひどくなるのだった。アマテラスオホミカミが、神聖なる服屋《はたや》においでになって、神御衣《かむみそ》を織らせていたときに、その服屋の天井に穴を開け、天の斑馬《ふちこま》の、皮を逆はぎにはいだものを、投げ落としたときに、天の機織《はたお》り女が見て驚いて、その梭《ひ》で陰《ほと》を突いて死んでしまった。

恵梨子——けっこう、この乱暴ぶりが気持ちいいという人もいるんですよね。
森本——爽快なまでにぶっ壊しているからね。
恵梨子——これも反秩序が荒れ狂っているということなんですよね。
森本——そうそう。ただ、秩序・反秩序というふうに、記号学みたいに整理してみるだけでは限界があって、ここでは、その反秩序の力の持つ一種の魅惑みたいなものを感じ取ることも必要かな。
恵梨子——同時にまた、スサノヲはたいへん、幼児的でもあります。
森本——そう、まったく悪ガキのようでもあるわけだ。しかしどこか、邪悪なものという印象は与えない。むしろかなり無邪気な暴れ方という感じだ。
恵梨子——たしかに、何か、善と悪という感じではないですね。
森本——抑えきれないエネルギーの噴出なんだね。秩序・反秩序という形の考えを出してきたのは記号学というものなのだけれど、その限界は、秩序の彼方にあるもの自体を語ることができない、ということにあった。つねにそれは「彼方なるもの」とか、「外部のもの」という言い方しかできない。それをはっきり語るためには、記号学だけではだめで、エネルギー論的な視点が必要になる。つまり、要するに宇宙はむすひのエネルギーで生成しているということをはっきり言ってしまうことだ。そのエネルギー自体は「もの」ではないし、それを言葉で言い表すことはできない。そんなことは百も承知だ。その上で、あえて、それを一つの象徴として語ってみる、というのが私たちの立場だ。だから、スサノヲは結局そういう純粋な生成のエネルギーに由来しているものだ、と言うことができる。ただしここでは、それがバランスを欠いてしまっているのだ。つまり、エネルギーと、形を維持する作用との均衡が崩れている。宇宙的なバランスが揺らいでいるのだ。そこが問題なのだ。エネルギー自体は決してなくすことができないものであるし、存在するものはいつかはその形をなくしていかなければ、宇宙は進んでいかない。破壊ということは必ず宇宙にとって必要な要素なのだ。

恵梨子――ここでスサノヲは、高天原の神聖とされるものをことごとくけがしていきますね。

森本――ここに出てくる、田畑を壊すとかそういうことはみな「罪」の代表的なものとして、つまりけがれとして、祓いの言葉などに出てくるものだ。

恵梨子――それをアマテラスがかばったりするのですけど……。

森本――いや、これは「宣《の》りなおし」と言って、言葉の力で事態を修復しようという意図だったらしい。つまり、言葉は現実を作る力があると考えられているので、アマテラスは言葉の呪力で事態を収拾しようとしたということらしい。

恵梨子――しかし、皮を逆さにはいだ馬を、神聖な衣を織る機小屋に投げ込んだところで、ついに限界に達するのですね。この、機《はた》の梭（機織り機にある一種の棒）を陰部に突き刺して女性が死んでしまったというのは……。

森本――性的暴行の比喩ではないかという人もいるね。さらには、この機織り女はアマテラスの代理であって、象徴的にはスサノヲはアマテラスを犯したことになるとか、そういう学者もいる。そこまで言っていいかどうかはわからないが、ともあれ、一種の性的な連想を誘う表現ではある。日本の神話では、女陰に矢が突き刺さるという話がよくある。それはたいてい、神が矢に姿を変えてその女と交わるという意味を持っている。だから、突き刺さった以上は、それは性的意味を持つことはだいたい間違いないんだ。アマテラスは清浄なる処女神であるから、性的な狂暴さがそれ以上自分の身辺に近づくことには耐えられないわけだ。だからそこがもう限界であったということになる。だからこれは、古代人が、アマテラスは決して侵されてはならない神聖さを持っていると感じていたことの表れでもある。実は、ここまではまだアマテラスは自分の本質を現してはいないとも言える。それがはっきりと現れてくるのが、これに続く天の石屋の神話なのだ。

恵梨子――では、その神話を見てみましょう。

第六章　天の石屋《いわや》

そういうわけで、ここで、アマテラスオホミカミは、見て恐れ、天の石屋《いわや》の戸を開いて、さしこもりなされた。そうすると、高天原はみな暗くなり、葦原中国はことごとく闇になった。これによって永遠の夜となった。ここで、万《よろず》の神の声は、狭蠅《さばえ》のように満ち、万のわざわいが、ことごとく起こったのだった。

恵梨子――ついにアマテラスは石屋に隠れて、真っ暗になりましたね。

森本――太陽神としての本質を現してきたわけね。アマテラスがいるときは、そのありがたさに気がつかなかったのか。

恵梨子――あらゆるわざわいが起こったという……。

森本――すべてのエネルギーの源になっていたわけだね。さてここでいよいよ、アマテラスの太陽神としての本質について考えてみないといけないんだが。

恵梨子――はい。

森本――そもそも地球のすべてのものは太陽のエネルギーによって成り立っているとも言える。古代人の多くは太陽を神として崇拝した。それは物質としての太陽を尊重したというわけではない。太陽というのは霊的な存在、つまり神そのものだったのだ。

恵梨子――そうでしょうね。

森本――私がここで言うのは、そもそも現代人は太陽を純粋に物質的なものだと思っているが、果たして古代人から学ぶところは何もないのか、ということだ。つまり、太陽というのはもちろん物質的なエネルギーの源泉でもあるが、同時に、非物質的な生命エネルギーの源でもあるだろう、ということだ。私たちはそもそも非物質的なエネルギーが宇宙の源泉にあり、それが展開することによって宇宙が作られていくというパラダイムに立っている。私は『魂のロゴス』という本でも話したことがあるが、およそ物質的な形を持つすべてのものは、それに対応するエネルギー的な場を持っている、と考えている。このことは中国の「気の世界観」にも一致していると思うが。

恵梨子――エネルギー次元の太陽があるということですか。

森本――そうそう、およそ天体というものもみなエネルギー次元を持つのさ。もちろん人間だってエネルギー次元の場を持っている。それがいわゆる「気の身体」というものだね。

恵梨子――そもそも神さまというもの自体が、奥深いところにあるエネルギーを感じて、それに形を与えたものでしたからね。

森本――そう、だから神話に出てくる神のイメージは、あくまで神話を語った人たちの思考や感性のフィルターを通ったものであるには違いない。だから神というものは、文字通りの真実として本当に存在するわけではない。かといって、完全にそれを幻想とかつくりごとと言ってしまえない部分もあるのだ。

恵梨子――そうすると、太陽神というのも、太陽の持っている何かを感じているということですよね。

森本――たぶん地球の存在にとってとても根本的な何かだね。アマテラスは女性ではないという話については前に触れたが……たぶん、アマテラスという神のイメージ、エネルギーのさらに彼方に、もっと根源的な何かがあると感じた人がいたのだと思う。それこそがアマテラスの本体だという感覚を持ったのだろうね。それは女性というフィルターでは把握できないものだったのだ。つまりある種のスピリチュアルな直観があったのではないかな。

恵梨子――それは何でしょうか?

森本――それをはっきりと言葉で言い表すことはむずかしいかもしれないが……そういえばスウェーデンボルグという人が、霊的な太陽という言い方をしていたな。

恵梨子――それは太陽のエネルギー的な次元ということですよね。

森本――だいたいそれに近い。アマテラス男性説もその霊的な次元の太陽を感じていたものだという気がする。最近では、霊的な太陽という意味で、「セントラル・サン」などという表現を使う人もいる。これも一つの神話的な表現ではある。

恵梨子――太陽神信仰の現代版という感じですか。

森本――そうとも言える。「信仰」というのを、あるエネルギー的（霊的）な次元でリアルなものを、人間のフィルターを通して理解し認知する、という意味に解釈すればね。つまり信仰とは、リアルなものをつかんではいるけれども、文字通りの真実というものではなく、人間が理解しやすいようなフィルターを通して見ているものである。それが神々というものだし、神話というものだ。いわば神のイメージとは「仮面」であって、そのリアルな何ものかが、人間に対して見せてくれる顔であある、と言うことができるだろう。

恵梨子――すべての神、すべての信仰がそうというわけではないですよね。

森本――すべてと言えるかどうかは疑問だが。宗教というものが問題を起こしてくるのは、それがあくまでフィルターを通した理解であることを忘れて、それだけが絶対であると思ってしまうことだ。それ以外のものは真実ではないと決めつける。これがこれまでの宗教も最も悪いところだ。

恵梨子――フィルターを通しているのですから、いろいろ違ってきても当然なのですね。

森本――そう、だからそういう絶対主義的な宗教はもう終わらなければならない、と思う。自分の信じていることはあくまで自分たちのフィルターを通して、リアルなものとつながっているということだ、と理解した上でならばぜんぜん問題はない。もともと日本人は一部の例外を除いて、そのような排他的な宗教はあまり持っていない。神とは本来形はないもので、形というのは私たちがそれに接するための仮の姿だ、ということがどこかで直観的にわかっているところがある。これは今の世界の中ではアドバンテージになるかもしれない。なかなか排他的な宗教観から抜け出せない人々が世界にはとても多いのだ。

恵梨子――すべて「仮」であることを知る、というのがポイントなのですね。そうすれば、神道でも仏教でもあるいはキリスト教でも、なんでも聖なる存在を受け入れることができるわけですね。
森本――そうそう。そういうわけで、アマテラスが太陽であるというのは、その根本に何かリアルなものがある、ということだ。それは、人類が存在するということの根本に関わってくる強大なエネルギーの場、みたいなものなのかな。物理的な次元でも太陽の存在は圧倒的なものだが、それは霊的な次元でも言えるのだ。
恵梨子――それで、アマテラスが石屋にこもってしまうと、また、あらゆる災いが起こるのですね。
森本――それと、注目できるのは、高天原が暗くなるだけではなくて、葦原中国、つまり地上界も暗くなるということだ。つまりアマテラスは、それだけのパワーを持っていたということだ。アマテラスがいるときはそれをあたりまえのことと思っていたが、いなくなってみると、その力がいかに大きかったかに気がつくわけだ。つまり本当は、そのパワーはスサノヲの比ではないわけだね。
恵梨子――つまり、こもってしまうことは、逃げてしまったようにも見えますけれども……。
森本――実際は、アマテラスにはどれだけの力があるのかを、知らしめるということになる。だから結局、スサノヲの狂暴な力も、問題にならないくらいのパワーがアマテラスにはあるということが示されたわけだし、その意味で、アマテラスがスサノヲを打ち破ったということになるわけだ。

こういうわけで、八百万の神は、天の安の河原に神集《かむつど》いに集って、タカミムスヒの神の子、オモイノカネの神（思金神）に思案をさせて、常世《とこよ》の長鳴き鳥を集め、鳴かせて、天の安の河原の河上の天の堅い石を取り、天の金山の鉄《くろがね》を取って、鍛人《かぬち》（鍛冶師）のアマツマラを呼んで、イシコリドメノミコトに仰せて鏡を作らせて、タマノオヤノミコト（玉祖命）に仰せて八尺の勾玉の五百津のみするまの珠を作らせて、アメノコヤネ・フトタマノミコトを召して、天の香具山の雄鹿の肩をそっくりと抜いて、天の香具山の天のははか（桜桃）の皮を取って燃やして、鹿の骨を焼いて占いをとりおこなわさせて、天の香具山の五百津の榊を根ごとに抜き取って、上の枝には八尺の勾玉の五百津のみするまの珠を取りつけ、中の枝に八尺の鏡を取りかけ、下の枝に白い幣《ぬさ》、青い幣を取りつけて垂らせて、これらのいろいろなものを、フトタマノミコトが尊い御幣として取り持って、アメノコヤネノミコトが尊い祝詞を唱え申して、アマノタヂカラヲの神（天手力男神）、戸の脇に隠れ立って、アメノウズメノミコトが、たすきのように天の香具山の天の日影の蔓《かずら》をかけて、天の真析《まさき》の蔓を髪に飾って、手には天の香具山の笹の葉を束ねて結って、天の石屋の戸に桶を伏せて、踏みとどろかして、神がかりして、胸の乳をかき出して、裳のひもを陰まで押し垂らした。そうすると、高天原はどっと沸き立ち、八百万の神はいっしょに笑った。

恵梨子――この、アマテラスを呼び戻す儀式についてはどうでしょうか？

森本――これはおもしろいね。神々が総動員だ。その中でも大事なものは鏡と玉を作ったことだ。なぜかというとこれは三種の神器のうちの二つにあたるからだ。これは後に天孫降臨の時、地上に持って行くことになる。三種の神器の残りもう一つは剣だが、これはあとのヤマタノヲロチの話で登場してくる。

恵梨子――天の香具山がやたらに出てきますね。
森本――この山は実際にみるとかなり小さい山だが、大和の時代には、聖なる山としてたいへんに尊重された。ある意味ではこの山も、宇宙軸の役割を果たしている。つまり、そこは、宇宙の聖なるエネルギーを受け取るアンテナのようなものだったのだ。
恵梨子――それから、占いに祝詞、そしてアメノウズメの舞ですね。
森本――この舞についてはかなりいろいろなことが言われている。アメノウズメは巫女、シャーマンであったと言われている。神がかりをして舞をするということは、神楽と呼ばれるものの起源になったし、ひいては芸能そのものの起源だったともいう。すべて芸能、つまり音楽とか舞いは、シャーマンの神がかりから発しているとも言われているね。
恵梨子――アメノウズメは神さまなのですから、それが神がかりというのも変な感じですけれど……。
森本――たしかにそう言えばそうだ。まあ、巫女というのがフィルターとしてのイメージで、そういう姿で受け取られたということだろうが。しかし、この天の石屋の神話をどう読むかということなんだが。
恵梨子――はい。
森本――太陽の死と再生を表している、という説は昔からある。冬至の祭りだという考えもある。つまり太陽が衰えて、また復活してくるということだね。
恵梨子――日食と関係しているとも考えられますか。

森本――そうかもしれない。だが私は、あんまり特定の現実的なことがらに結びつけない方がいいと思う。この神話は確かに、アマテラスがその力を見せつけ、天の主宰神であることを確立した話である。その際に、「死と再生」あるいは「復活」というパターンを取っている、ということだね。

恵梨子――そうですね。

森本――復活と言えば、キリストの復活も有名な神話だね。もちろんそれを「事実」として信じている人もいることは知っているが、ここではいちおう神話として理解しておこう。あれも死と復活だ。つまり死と復活というパターンは人類の神話的思考の原型としてあるものだ、ということは言える。いったん死んでしまい、そこでまた再生することによって、いわば、リニューアルされるというか、エネルギーが更新されるんだね。それによって前よりさらに力強く輝かしいものになる、というパターンがあるわけだ。神話の世界を見れば必ず死と復活のパターンがあるよ。実は古事記にもこのあとたくさん出てくることになる。アマテラスは文字通り死ぬわけではないんだけれども、石屋にこもって出てこないというのは、つまり仮死の状態とも言える。地球にとって根源的なエネルギーソースである太陽エネルギーとの接触がなくなってしまったらどうなるかな。いや、もちろん、人間が生きている限り、そのエネルギーとのつながりは決してとだえることはないんだね。そのエネルギーそのものが人間をそういう形に存在させているわけだし、人間自体もそのエネルギーそれ自体が変形したもの、姿を変えたものであって、そのエネルギーの一部であるとも言えるわけだ。ある意味では、そのエネルギーは「すべて」を含んでいるとも言える。しかし、こういうエネルギーとのつながりが弱くなったり、そのつながりを自覚できなくなるようなことはあると思う。

恵梨子――それが闇の世界ですね。
森本――だから、一つの読み方としては、石屋隠れというのは、そのように霊的に暗い状態、根源のエネルギーとのつながりを忘れてしまった状態、というふうに読むことも可能ではないかな。
恵梨子――光と切り離されてしまうというか……。
森本――そうそう、エネルギー的な石屋隠れだ。その原因はなんだったか?と言えば、スサノヲの暴虐だった。成熟していない、コントロールされないエネルギーが暴れ回ることだった。
恵梨子――そのような未熟さが、光とのつながりを弱めてしまったのですね。
森本――それが闇ということ。霊的な闇だね。つまり人間は自分からその光とのつながりを弱くしてしまうことがあるということだ。そのために、そのつながりを再確認する必要がある。そのために古代の儀式というのはあったんだね。
恵梨子――そうなんですか。
森本――そう、これは前にも出たエリアーデという学者も直観していたものだ。私は彼の言っていたことを、さらにもう少しスピリチュアルな方向につっこんで解釈してみたい。そうすると神話がさらによくわかってくるのだ。
恵梨子――そうですか。
森本――エリアーデは、「永遠回帰の神話」ということを言っている。これは、神話は世界の原型を定めるものである、ということ。つまり、なぜ今の世界がこうあるか、ということが神話によって定められている。そしてそれを定期的に確認するために儀式を行うのだという。その儀式は神話の場面を再現するもので、それによって、再び、世界の原型が確認されるのだという。
　恵梨子――なぜ、定期的に確認しないといけないのでしょうかねえ。
　森本――それが人間が生きるということみたいなんだね。どうしてそうなのか、という説明をするためには、エリアーデにはあまりない概念なのだけれど、ここでやはり「エネルギー」ということを考えに入れていけばいいのだ。つまり、人間は宇宙から（太陽から、かもしれないが）エネルギーを供給されて生きている、という基本条件がある。しかし人間が肉体を持って生活していると、どうも、だんだんとそのエネルギーのつながりが弱まっていく傾向があるようなんだ。
　恵梨子――そうなんですか。
　森本――どうも、そういうものらしい。それで、定期的にそういうエネルギーとのつながりを再確認し、リセットするというか、そういうことがいいことみたいなんだね。古代人が儀式を重視したのも、そういう欲求を無意識に感じていたということではないかな。「けがれ」というのは「気枯れ」、つまりエネルギーが枯渇することだ、という解釈もあるくらいなのだが。そのようにすごく生命エネルギーとのつながりが弱まると、ほんとに石屋隠れになってしまうんだね。それで、それを復活させるんだよ。宗教というのも、英語で religion というが、これはもともと「再び結びつける」という意味のラテン語に由来している。やはり、根源と再結合させるというのがその本質だということなんだ。
　恵梨子――それがスピリチュアルということの本質でもあるんですね。
　森本――そう。だから永遠回帰というのも、根本は、エネルギーともう一度つながり直すということだと思う。そして死と復活というのも結局はそれと同じ意味だ。死というのものは、本当はこの宇宙には存在するものではない。ただエネルギーが存在する形が変わるだけで、なくなるということは決してないもののように思える。だが死というイメージで語られるものは、おそらく、「エネルギーとのつながりを感じられなくなった状態」なのかもしれない。この、つい、つながりを見失ってしまって、再確認をしなければならないというのが、人間が存在する条件としてどうもあるようなんだ。つまり、そのつながりの状態からそらせてしまう力が働いているようなんだ。

恵梨子――闇の力ですか。

森本――そうね。二元性というかな。つまり、つながっていないという状態を経験するからこそ、つながっている状態を自覚できる、というか。つねに、その反対のものが存在するおかげで、自覚的に光のほうを選択することができる、という、そういう原理だね。神話は必ず二元性を語っている。二極性という言い方でも同じことだ。

恵梨子――それがここでは、アマテラスとスサノヲの対立、つまり二元性として現れたということですね。

森本――そう、スサノヲはつまり、エネルギーのパワーだけはあるが、正しい方向に流れていかない、どこか乱れている状態があったね。ま、いずれにしろ、スサノヲが悪役を演じたおかげで、アマテラスの本当のすごさが明らかになり、みなが、それとのつながりを再確認することができた、という展開になっていることだ。

恵梨子――この石屋の前の儀式は、光を呼び戻すため、つまり光とのつながりを再確認したということですね。

森本——そう、根源のエネルギーとは光でもある。光といっても物理的な光ではなくて、霊的な光、スピリチュアルな次元の光だね。そういうエネルギーをヴィジュアル的に翻訳して受け取れば、光のイメージとして知覚できるということだ。

惠梨子——私はこの、アメノウズメの舞いが気になるのですけど。神がかりでの踊りなのですが、卑猥なしぐさがあって、神々がどっと笑ったということですよね。

森本——そうそう、性的な意味があるね。

惠梨子——これはどういうことでしょうか。

森本——古事記では性とは生殖力と結びついているからね。イザナミの持っていたものすごい「生む力」を考えてもわかる。性は聖なる力である、という連想は古代人はつねに持っていたのではないだろうか。つまり、性的なものをここにもたらすことによって、エネルギーが活性化するという流れがあったと考えられるね。最初の、イザナキとイザナミが柱のまわりを回るという儀式にしろ、性的結合そのものが儀式となっている。性はとてもエネルギーが高いことがらなんだ。そして、踊りも結びついているね。踊りもまた、エネルギーを活性化させる。

惠梨子——あと、笑いですね。

森本——エネルギーを高い状態に戻していくには、ゆううつな状態、落ち込んだ状態のままではだめなことは言うまでもないね。この笑いということに表されているのは、つまり、「気分のいいこと」が大事だということだ。これは最近、「引き寄せの法則」としてよく言われていることなんだが……エネルギーがうまく流れていなくて、あまりよくない状態に陥ってしまっているとき、そこからがんばって抜け出ようとか、その状況と戦おうとしてもなかなかうまくいかないということだ。むしろ、どのような状況であっても自分の気分をよい状態にもっていくことが重要だ、というのだ。なんでもいいから、気分を明るくするようなことをして、自分の気分がよくなってきたら、現実もそれにつれて好転していく、という考え方だ。というのは、現実というのも結局はエネルギーだからだ。それは自分のエネルギーが反映しているものなんだね。現実というものは動かしがたいものではなくて、単に、自分のエネルギーによって創造されているものだということ……これは、最近のスピリチュアルな考え方の、一つの中核としてある考え方だね。もちろん、仏教の唯識思想などは似たようなことを言っていたが。

恵梨子――つまり、アメノウズメの踊りによる笑いが、高天原のエネルギーを高めて、それがアマテラスの復活につながったということですね。

森本――まあ、そういうふうに読むことも可能だということだ。私たちがそこからどういう教訓を得られるか、を考えるとそういうことになる、という意味でね。宇宙すべては、アメノミナカヌシ（宇宙の中心）から発し、むすひの神という根源的エネルギーの展開として、できている。だから私たち自身もその一部だ。だから世界すべて、そのエネルギーでないものは一つもないことになる。つまり、一瞬たりともそこから離れてはいないのだけれども、でも人間は分離を経験する存在なんだね。分離しているという幻想を抱く、というかな。それが象徴的な死であり、石屋隠れだ。

恵梨子――すると笑いというのはそういう分離を超える力を持っているのですか。

森本――よく笑うと免疫力が上がって病気が治りやすくなるという話も聞くね。まあ、アメノウズメの踊りみたいな下ネタ的な笑いでなくてもいいいんだけれども、気分がいいこと、上機嫌であることはとても大事なことだ。

恵梨子――でも、現実はすべて自分が創造しているとは、なかなか思えませんね。

森本――客観的な現実があるという幻想のうちにあるからね。客観的なということは、集合意識によって作り出されている、という意味だ。つまり、みんながそうだと思っているからそうなっている、ということだ。そういう集合意識の束縛を離れてしまえば、不可能だと思えていたいろいろなことが可能になる。

恵梨子――世界はすべて「思い」によってできている、ということですね。

森本――そう、その考え方自体は、神話から導き出されるものではない。神話の時代には、そういう哲学的なことを考えたりはしなかったからね。だからその考え方は、そこから現在までの思想的な積み重ねの結果、到達した考え方だ。それによって神話を読んでいくということをしている。ここで思い出したいのは、先に、エネルギーは意識でもある、と言ったと思うが……。

恵梨子――そういう話題もありましたね。

森本――本当は、エネルギーでもあり意識でもあるという、そういうことを言いたいわけなのだが、適当な言葉が存在しないからな。だからここでいつもエネルギーと言っているが、それはなにがしか意識という性質をも帯びているものである、と理解してほしい。同時に、意識といえば、それはまたエネルギー的なものでもある、という。そういうコンセプトを理解する必要がある。

恵梨子――はい。

森本――だから神々として私たちがイメージしている何かというのは、やはり、意識という性質を持っている。人間の意識とは違うかもしれない。言ってみれば超意識と言うべきものかもしれない。人間のような「人格」を持っているものではないかもしれない。しかし「神格」という言葉もあるが、何か、人格と似たようなものはある。キリスト教の神学の用語ではそれを「ペルソナ」というのだけれどもね。ペルソナというのは本来、「仮面」という意味なんだ。

恵梨子――それは人間に対して見せているものですね。仮面というのは。

森本――そう、その本来の姿が何であるのかというのは、私たち自身がその神の実際に存在している次元にまで行ってみないことには、わからないものだろう。次元を上るとき、私たちの知覚能力もまた拡大しているだろう。いわば、自分の意識を超意識という次元にまで拡大したとき、私たち自身も神界にいるということにならないかな。

恵梨子――お話が、少々ぶっとんできましたが（笑）。えっと、現実とは自分のエネルギーが創造しているというお話でしたっけ?

森本――そうだった。「引き寄せの法則」というのはつまり、「似たものが引き寄せられる」ということだ。低いエネルギーでいれば低いものが引き寄せられてしまうわけだ。自分を高い状態に保っていれば自然と自分のまわりのものが高いエネルギーのものになってくる。そういうことだね。

恵梨子――それは、つまり、現実というのはつきつめて言えば、自分が作り出している幻想だからそうだ、という意味なのでしょうか。

森本――そういう言い方も可能だ。唯識でもそれと似たことは言っているね。つまり、私たちは常識的に、世界とはまず「もの」でできあがっているると思っていて、科学もみな、そういう私たちの常識の上に成り立っているのが大部分だが、実は世界とは「もの」ではない。「もの」などというものは存在しないのだ。これは仏教でも言っている。実体のあるものは何一つないのだ。その辺の哲学的議論に入っていくと話がむずかしくなりすぎるが、私たちはそれを、ある根本的な宇宙生命意識エネルギーのようなものが、いろいろに形を変えていくというふうに表現している。この根源にある、意識でありエネルギーであるものを「無分節」と呼んで、そこから世界が分節していく、と表現してもかまわない。同じことだ。ただ、そのように意識・エネルギーであると言うと、そういう「もの」が実体としてあるように思えてしまうが、これは言葉のあやみたいなもので、決してそうではない。それは「もの」として名指すことが本来できないものだ。だから仏教などでは、それをはっきり言い表すことを嫌う。特に禅などはそうだね。したがって、エネルギーとか言っても、それは一種の比喩であり、フィルターを通した翻訳なのだ。つまり、それが神話だ。

恵梨子――ということは、私たちは、神話を別の神話に言いかえているっていうことになりますね。

森本――その通り。要するに、神話学とはそういうものなんだよ。古代の神話を現代人の神話に言いかえるだけだよ。立場はぜんぜん違うけれども、レヴィ＝ストロースも同じようなことを言っていたと思うよ。

恵梨子――話を戻しますと、「もの」ではなく、エネルギーなので、似たようなものと共鳴する性質がある、というようなことでしょうか。
森本――自分の意識エネルギーが、周囲にあるいろいろな意識エネルギーと共鳴、同調することによって世界ができている、というのが根本原理なんだよ。私は、ある種の哲学者のように、存在するのは自分しかない、などという言い方はしないよ。むしろ、たえず自分とは異なるものと共鳴したりあるいは反発したりするようなプロセスで自分の経験ができていくというふうに思っている。ただ、この世界を経験しているのは自分しかいない、とは言えるけどね。他の人はまた違う世界を経験していることになる。
惠梨子――ええと、神話の話は、アメノウズメまで来たのでしたよね。
森本――そうだった。
惠梨子――その次に、石屋からアマテラスが出てくる場面になるんですけど。

ここで、アマテラスオホミカミは、不思議に思って、天の石屋の戸を細く開いて、その内で言うことには、「わたしがこもっていることによって、天の原はもちろん暗くなり、また、葦原中国もみな暗いだろうと思うのに、どういうわけで、アメノウズメは歌い舞い、また、八百万《やおよろず》の神はみな笑うのか」と仰せられた。
そこで、アメノウズメが申し上げて言うことには、「あなたさまにもまして貴い神がいらっしゃいますので、喜んで笑っているのです」と、このように言う間に、アメノコヤネノミコト・フトタマノミコトが、その鏡を差し出して、アマテラスオホミカミにご覧に入れるときに、アマテラスオホミカミは、いよいよ不思議と思って、少しずつ戸より出て、鏡の姿をご覧になるときに、その隠れ立っていたアメノタヂカラノヲの神が、その御手を取って引き出すと、すぐにフトタマノミコトが、標縄《しめなわ》をその後ろに引き渡して、「これより内にお戻りになることはかないません」と言った。

こうして、アマテラスオホミカミのお出ましになったときに、高天原と葦原中国とは、自然と光が照り明るくなったのだった。

森本――ここで注目できるのは、アマテラスが自分の姿を鏡に映したということだね。

惠梨子――それが自分とはわからない、というのはどういうことでしょうね。

森本――まあそれは、それに類するお話のパターンというのがあるのでね。絵姿女房だとか、そういう話もあるよ。それよりも、ここは、この神聖な鏡に、アマテラスの聖なるエネルギーが入ったという意味があるんだよ。

惠梨子――鏡に？

森本――そう。鏡の像というのは、古代人にはずいぶん神秘的なものだったんだよ。写真だって、それができた当初は、写真に写ると魂を奪われるというふうに思っていた人々も多いという話だ。鏡にしても、その姿が映ると、そのエネルギーが鏡のほうに移ると考えられていたのではないかな。そこで、この鏡はアマテラスのエネルギーが転写されたものとなるのだ。それを「形代《かたしろ》」と言うんだよね。この鏡が三種の神器の一つとなって、伊勢神宮に収められることになったのは、この瞬間にアマテラスが鏡に入ったからではないのかな。それによって、この鏡を通してアマテラスのエネルギーにつながることができるようになったわけだ。これはずいぶん神秘的というか古代的な考え方のように見えるかもしれないが、すべてはエネルギーだという世界観からすれば、今でもなお、こういうことはありうると考えてもおかしくはないのだよ。つまり、エネルギーは、いわゆる「もの」に転写されることも可能だということなんだ。

恵梨子――そうなんですか？　でも、考えてみれば、お守りなんていうのもそうですよね。

森本――そう、エネルギーがものに入るという原則がないのならば、お守りなんて意味はないよね。ただ、さっきも言ったとおり、本当の意味では「もの」はない。エネルギーなんだ。そして、エネルギーは意識と共鳴する。お守りに限らず、パワーグッズと言われるものが成り立つ根拠はそこにある。これは意識と共鳴するから、そこにエネルギーが入ったと信じるならば、実際にエネルギーが入る、というような感じかな。

恵梨子――意識の通りに現実ができると言いますか。

森本――そういうこと。だから、信じない人から見れば、エネルギーは入っていないかもしれない。それはどっちが正しいということではないんだ。どういう現実を選択するのかという話なんだね。正しい現実のバージョンは一つしかないという思考そのものをやめないといけないのだ。それをやめると、意識がすごく解放されてきて、いろいろなことがわかるようになっていくよ。

恵梨子――そういうものですか。

森本――そういうものだ。今ある集合意識は、集合意識が信じていることが唯一の正しい現実のバージョンだと信じたがる。そして、それに合わない考え方を排斥したりしがちだが、一度、「すべては幻想にすぎない」というような仏教的な思考で、そういう執着をすぱっと切ってしまって、そこから再出発するといいのだろうな。

恵梨子――まあ、ともあれ、アマテラスが復活しました。

森本――この時のアマテラスの輝き、美しさはいかばかりのものか、ということだね。

恵梨子――確かにここでは何か美しさの感覚を感じます。

森本――それはとても力強いが、やはりここでは、そのエネルギーは女性的な優美さのトーンを帯びているように感じられるんだ。

恵梨子――そうですね。

森本――これはやはりフィルターではある。つまり、古代日本の人は、太陽神として世界の人々がアクセスしているある意識エネルギーに、女性というフィルターを通して接していることになる。それで、それとは違うルートでそこにアクセスした人は、どうもこれは女神ではないのではないかと思ったわけだ。

恵梨子――でもどうして女性として受け取ったのでしょうか。

森本――うーん、それはまあ選択の問題だと思うんだけどね。しかしこの中心の神を女性だとイメージしたことによって、日本の文化の性格がある程度決まってきたということも確かだからね。これが、峻厳なる男の神だったら、かなり違った文化になっていたのではないかという意味でね。

恵梨子――たしかにそうですね。

森本――やはり、優美さということを重視する価値観になる。あるいは和合とか、調和とか、そういう感覚が前面に出てくるということは言えるね。日本人は、世界とは調和しているのが基本の姿であるという感覚を持っている。世界の人はみなそう思っているかというと決してそうではない。人間はほうっておけばどんどん争いを始めて収拾がつかなくなるに違いない、と思っている人は決して少なくないのだ。特に近代社会は「人は人に対して狼である」という認識からスタートしていると言ってもいい。しかし、アマテラスを宇宙の中心に思い描くということは、世界とは基本としては善なるものであるという感覚をもたらす。秩序があるが、それは決して強制や抑圧をもたらすことがない。そういう大きな調和の世界を、心のどこかで理想として持っていたということだろうね。その調和はいわば、天界においてはすでに実現されているものだ。その調和を地上にもたらすことが、人間の役割なのかもしれない……と、これは、少し話が先走った。それでは、次の神話へそろそろ進もうか。

ここで、八百万の神は、みなで話し合って、ハヤスサノヲノミコトにたくさんの祓《はら》え物を払わせ、また、ひげと手足の爪を切って、祓わせて、神やらいとして追放した。

惠梨子――スサノヲが高天原を追放される場面ですね。

森本――ここは、やはり、「けがれを祓う」という意識が出ているところだと思う。ひげと爪を切るのも、そこがけがれのたまりやすい場所だということらしい。

恵梨子――スサノヲがけがれを負わされてしまうわけですね。

森本――まあ、自分がまいた種ではあるが。スサノヲとアマテラスの勝負は、アマテラスの完全勝利に終わったからね。うけいの時は、スサノヲの力に負けたけれども、アマテラスの真の力を見せつけたということだろう。この、アマテラスの秩序が確立するということに、政治的な意味を見いだす人もいる。天皇家の支配権を確立するという意味があったということだ。それはまあ、そうと言うことも可能である。「古事記は天皇家の支配を正当化するという目的で作られた」と言っても、それは決して間違いではない。しかし、ともすると、古事記を政治的な意味ばかりで読む人は、神話にはそれなりのスピリチュアルな深い意味が隠されているということをしばしば忘れがちになる。そういう政治的な文書にすぎないなら、それを読むのは歴史研究的な意味しかない。しかし、神々はまだ現代にも生きていることを忘れてはいけない。アマテラスは現に、伊勢神宮にいるのだ。そして多くの参拝者を集めている。全国各地にその分社がある。ほかにも神さまはたくさん信仰されているね。多くの研究は、神などというものは人間の幻想に過ぎないという立場から始まっている。それは近代の知識人の暗黙の前提みたいなもので、神ってほんとうにいるのじゃないですかと言ったら知識人の世界には入れてもらえない。そういう不文律みたいなものがある。まるで知識人とは無神論でなければならないみたいにね。つまりそれがいわば「近代的な知的空間」というものなので、それ自体を疑うということがないと、その向こうにある深みは見えてこないね。私たちの神話の読み解きは、そういう前提を取っ払ったところからスタートしている。だから、これは近代的な学問には属していないし、最初から、そういうつもりはない。そういう枠を超越した試みなのだ。

恵梨子――それでは……アマテラスが支配するということにも、深い意味があるわけですか。

森本――さきほど考えてみたように、アマテラスは私たちの生命の根源というべきエネルギーを暗示している。人類だけではなく地球という領域そのものもそこから発している。女神アマテラスというのはその根源のエネルギーを女性的なエネルギーというフィルターで受け取ったものだった。仏教では大日如来というのがあるね。これは密教では、宇宙根源の仏を表している。すべては大日如来のエネルギーからできている。宇宙は大日如来でないものはないのだ。

恵梨子――大日というのも、太陽のイメージですね。

森本――ものすごい光明というイメージから来ている。宇宙根源の光明だ。そういう根源の光と太陽を同一視するというのは世界各地に見られる神話的思考で、大日というネーミングもそこに由来しているね。中世になると神仏習合というのがさかんになってきて、大日如来とアマテラスは同体であるという説がおこなわれるようになった。正確に言うとこれは「本地垂迹説《ほんちすいじゃくせつ》」と言われていて、日本の神々は仏教の仏が人々を導くために現れた仮の姿だ、という考え方になる。大日如来はアマテラスの「本地」つまり本来の姿だということが言われるようになった。

恵梨子――たしかに似ている部分はあるんですよね。

森本――本地垂迹説というのは、新しく入ってきた仏教と、昔からある神々とを統合してどのように宇宙を理解していくかという新しい思想的枠組みを求めたもの、というふうに言える。それはその当時の日本人のニーズとしてあったわけだ。つまり仏教の教えが真理であるという前提のもとに、では日本古来の神々はどういう位置づけになるのか、ということを考える必要があった。ところで、現代もまた、新たにこういう考察が必要になっていると私は思う。現代では、仏教が真理とは言えない。それも真理を含むが、真理の表現としてはまだ部分的なものであり、いま地球に知られている宗教で、完璧に真理が表現されつくしている宗教は存在しない、という立場に立っている。だからといって近代に発生した唯物主義が正しいというわけでもない。そこで私たちは、新たに、宇宙生命エネルギーからすべてが展開していくというモデルで宇宙を構想しなおそうとしている。その枠組みの中で、神々とはどう理解されるのかということを考えている。ここでやっているのはそういう意味だ。その観点からすると、大日如来もアマテラスも、ある同じものを違うフィルターで理解したものだというふうに見えてくる。

恵梨子――新たな本地垂迹説ですね。

森本――垂迹というのは仮の姿という意味だとすれば、すべて神々は仮の姿には違いない。そして本地というものは私たちの認識を超える高次のエネルギー場のようなものと理解できる。よく「権現《ごんげん》」という言葉を聞いたことがあるだろう。権現というのも「仮の現れ」という意味だ。

恵梨子――なるほど。すると大日如来とアマテラスの違いは、フィルターの違いですか。

森本――そうだろうね。ただアマテラスはさきほどから言っているように、そのエネルギーを女性性のフィルターで受け止めているということだ。

恵梨子――そこで、そういう根源のエネルギーが、日本の神界の中心になったということの意味にはどういう意味があるのでしょうか。

森本――それは天皇家の支配がどうのという次元のことだけではない。霊的な意味があると言いたい。たとえば考えてみると、世界の神話には、イザナキ・イザナミのような最初の夫婦神を中心の神として理解している文化もかなり多い。日本でも古事記のできる前には、そういうタイプの伝承もあったかもしれない。だけれども、古事記は最初にアメノミナカヌシを持ってきた。それは、宇宙の根源とは何であるかというい わば哲学的な直観が深まったということを意味している。それを、頭だけで考えだした神だなどと言う人は、哲学的なセンスが弱いのだ。というか、宇宙の根本構造について考えるという形而上学という立場に理解を持たないので、そういう方向の直観が生まれたことを軽視しがちになるのだ。

恵梨子——つまり、整理してみますと……最初にアメノミナカヌシ、次にタカミムスヒとカムムスヒという最初のエネルギーの発生があって、それからイザナキとイザナミで性的な二元性が発生しましたね。

森本——その系譜はアマテラスが継承することになる。アマテラスは夫を持たない、つまり処女神であるということにも注意を向ける必要があるね。アマテラスは子を持つが、それはうけいの勝負の時に生まれた子であって、性的な方法によるものではない。そうするとつまり、イザナキ・イザナミにはあった「対偶」のパターンはなくなることになるね。アマテラスはいわば、いちばん最初の神々のように「独り神」という性質を持っているともいいうる。

恵梨子——そういえば、独り神たちが「身を隠した」とあるのも、アマテラスにもあてはまりますね。石屋に身を隠したわけですから。

森本——そうすると、こういうことになるだろう。

森本――タカミムスヒとカムムスヒは対偶ではあるけれども性的なペアではない。あくまで独り神だったからね。でも微妙な二元性は発生しているわけだが。そのあとに出てくるウマシアシカビノヒコジは単独だね。イザナキ・イザナミで男性・女性の二元性になってくるが、アマテラスは再び単独神になる。なぜかというと、本来、対偶となるはずのツクヨミは二度と登場しないことになる。世界の神話には太陽・月というペアの神という発想もあって、それが夫婦であったりするパターンでもいいわけだが、日本神話は月の神を太陽の相手とは見なさず、太陽神を絶対化していることがわかる。そしてまた、スサノヲも切っているわけだ。スサノヲは言ってみればアマテラスと同等の地位を狙ったともとれなくはないが、結果的にはアマテラスの圧勝に終わってスサノヲは追放される。ここでもアマテラスは対偶を必要としないことがわかる。

恵梨子――それから、アマテラスの誕生の仕方もまた、微妙ですよね。

森本――そう、イザナキ・イザナミは性的な方法で島とか自然界の神々などを生んでいるのに、アマテラスに関してはイザナキのみそぎによって成ったとされていて、イザナキが単独で生んだことになっている。ここでもちょっと対偶が破れているところがある。

恵梨子——そしてスサノヲではないですけど、イザナミも神話の舞台から退場してしまいますよね。

森本——こういうふうに、アマテラスは対偶、パートナーを必要としないという神話になっている。これを天皇の絶対化を反映しているなどという政治的な解釈をする人がいるわけだが、それだけではない。私はむしろ、アマテラスを通して、古代人はとても根源的な何かをつかまえていると見ている。つまり、仏教で大日如来としてイメージしている、宇宙の根本的なエネルギーをアマテラスに見ている。当然それは絶対的なものだ。そのような、根源への直観が深まっていることが、アマテラスの絶対神化をもたらしている、と私は見るのだね。

恵梨子——もちろんキリスト教やイスラム教のような絶対神ではないですけど……。

森本——仏教の大日如来にしても、他の神仏の存在を排除するような絶対ではない。むしろすべてを包括している。もちろん日本神話の場合は、アマテラスがすべて他の神々を包括する、とまでは描かれていない。でも原理的に考えればそういう解釈も不可能ではないと思う。

恵梨子——もちろん、すべてはアメノミナカヌシに含まれている、という言い方はできますね。

森本——それは間違いない。同時に、すべてはタカミムスヒ・カムムスヒのエネルギーに含まれている、とも言いうる。しかし、アマテラスも、そういう根源を表す神の系譜にあるということだから、のちに大日如来の現れであるという理解が生まれたのも自然な流れだっただろう。アマテラスの神聖さは、アマテラスがすべての根源という性質を受け継いだ神になったということだ。そして、独り神ではあるが、身を隠した後に再び現れた。それまでの独り神は身を隠したまま表には出てこない。つまり絶対的なるものがはっきりと顕現してきたのはこのアマテラスが最初である、という言い方もできるかもしれない。

恵梨子――だから、日本の神といえば、何はさておいてもまずアマテラスなのですね。神棚には必ず伊勢神宮のお札が入るというのもそういうことですね。

森本――アマテラスあっての日本神界だということだね。そういう根源性を持っている。それを政治的意図でそうなったと見るのではなく、霊的な根源とつながっていく一つの方法としてとらえることもできる。アマテラスのエネルギーを感じることによって、とても奥深い世界に行くこともできると思うのだ。

恵梨子――その意味で、この神はまだ生きているのですね。

森本――信じる人がいる限り生きているんだよ。

恵梨子――そうですね。それでは次の神話に行きましょうか。

第七章　オホゲツヒメ

また、食べ物をオホゲツヒメに乞うた。そうすると、オホゲツヒメは、鼻・口と尻からいろいろなごちそうを取り出して、いろいろに作り具えて差し上げたときに、ハヤスサノヲノミコトは、そのさまをうかがっていて、汚いことをして差し出すと思って、すぐさまそのオホゲツヒメを殺した。そこで、殺された神の身に生った物は、頭に蚕が生り、二つの目には稲種が生り、二つの耳に粟が生り、鼻に小豆が生り、陰に麦が生り、尻に大豆が生った。そこで、カムムスヒの御祖《みおや》の命が、この成った種を集めさせたのだった。

惠梨子――これはスサノヲがオホゲツヒメという女神を殺して、その死体からいろいろな穀物が出てくるという話ですね。この話はなんだか、前後のストーリーとあまり関係がないような気がしますが。

森本――ここの部分は明らかに挿入だろうと言われている。日本書紀でも同じような話があるが、女神の名前はウケモチ、殺したのはツクヨミとなっている。

恵梨子——ツクヨミですか。そんなところに出てくるんですね。
森本——殺すというと野蛮なようだが、この神話は本来、豊穣に関わっている話なので、月は豊穣とつながるんだよ。神話学から見れば自然な連想ではある。
恵梨子——この女神は豊穣の女神なんですね。
森本——これはかなり古い時代からある神話なんだろうと考えられている。わかると思うが、ここにはまた原始巨人のパターンが見られる。そのパターンを穀物の起源という形で反復している。
恵梨子——最初にいた巨人がバラバラにされることで宇宙ができたという話ですね。
森本——この穀物起源の話は神話学では「ハイヌウェレ型」と言われていて、東南アジアにそれと同じ型の神話があることが知られている。たぶん農耕ができたころから続いている神話かもしれない。縄文時代の土偶などにも、明らかにばらばらに壊されてから埋められている例があって、この神話との関連がとりざたされていたりする。
恵梨子——そういえばイザナミも自分のからだから出たもので神々を生みましたよね。
森本——あれとどこかで似ている発想ではないかと思う。女神というもののとらえ方で似ているね。ここでスサノヲの話になっているのは、怒って殺してしまうというキャラクターがその粗暴さでスサノヲと通じるので、結びつけられたんだろうね。これも、わざとそのように作為したんではなくて、自然とそういう連想になっていたんだと思う。
恵梨子——このオホゲツヒメというのは大地の象徴ですよね。
森本——そうね。大地母神と言われるものだ。すべての豊穣がそこから出てきている。シンプルな神話のパターンだと、イザナミにあたる最初の女神がそういう性質を持っていることも多い。しかしイザナミは死の女神ではあるが、必ずしも大地の女神とも言えないところがあるな。その点、日本の神話は複雑にできているわけだが。

恵梨子――殺されるというモチーフはなぜ出てくるのでしょうか。

森本――これもまた死と再生というパターンが出現している。そもそも大地というか、生命圏というものは、死と再生を繰り返している。そういう世界だね。あるものは死に、そしてまた新しい生命が生まれる。その循環で生命の世界はできている。死と生はセットだ。死がなければ生もない。

恵梨子――またまた二元性ですね。

森本――そう、そういう循環があるということ。先に言ったように月の神がこれにかかわることがあるのは、月にも満ち欠けがあり、生命の循環サイクルの象徴になるからだ。月と女神はよく結びついてくる。

恵梨子――世界的に見れば、太陽が男で、月は女という結びつきですよね。

森本――女性を月と結びつけるのは、自然な発想だ。しかし日本神話では太陽神を女性にしたために、月の神の居場所がなくなってしまったということもあるのかもしれない。それにしても、この大地の女神の神話が、スサノヲが天界から追放されたこの場所に入れられたのも何らかの意味がありそうだ。つまりそれまでは天界の話だったわけだが、スサノヲはこれから地上に降りることになるわけだね。そこで大地のエネルギーを体現する女神がここで登場したのだろう。それ以前には入るすき間はないからね。

恵梨子——今の私たちは大地の恵みに感謝することが少ないですよね。
森本——そう、日本では本来、豊穣に感謝する祭りをずっと続けてきたわけだ。農耕の国にとって大地の神はとても根本的な存在だ。だが、このオホゲツヒメをまつっている神社というのはあまり聞かない。後世には、食物の神ということで、稲荷神と結びつくということもあったらしい。
恵梨子——稲荷というのは、狐ではなくて、稲の神さまですからね。
森本——そう。それと、食物の神としてはトヨウケビメという女神がいる。この神は、イザナミが死ぬ直前に、尿から出てきたワクムスビという神の娘だということになっている。トヨウケビメは伊勢神宮の外宮にまつられているね。なぜそういうことになったのかは、なかなかややこしい問題らしい。ともあれ食物の神はトヨウケビメによって代表されるようになったので、オホゲツヒメは影が薄くなってしまったのかな。アマテラスは伊勢神宮の内宮に鎮座している。アマテラスがトヨウケビメを近くに置いておくということは、トヨウケビメの持っている大地的なエネルギーがあるということが、エネルギー的にバランスがいいということではないだろうかな。つまり、天界のエネルギーをしっかりとこの地上世界につなぎ止める、広めるという意味で外宮のトヨウケビメがいるのではないかと思う。考えてみれば、食物というのは物質的な世界で生きるにあたっては最も根本的なものだからね。大地のエネルギーを少しずつ切り取っては食物という形で取らせていただいているわけだ。伊勢神宮の、内宮・外宮のペアでできているという構造は、とてもよくできたエネルギー構造なのかもしれない。なぜオホゲツヒメでなくてトヨウケビメなのかというのは、トヨウケビメの出自に関するいろいろな事情があるらしいが、ややこしくなりそうなのであまり追究しないでおこう。

恵梨子――まとめますと、オホゲツヒメというのは、大地のエネルギーを食物という形に変換してくれるわけですよね。

森本――そういうこと。

恵梨子――あと一つ、ここでカムムスヒが出てくるのが気になるんですけれど。

森本――世界の最初のほうに出てきたカムムスヒがなぜここで出てくるのか。オホゲツヒメから出てきた穀物の種を取り集めたんだね。ここではやはり、カムムスヒが「母神」というイメージで登場していると思う。すごい始源の母神としてね。オホゲツヒメにも母という性格があるけれど、それよりももっとずっと古い時代からいる母神だ。心理学に「太母」という言い方があるけれど、そのような、太古の母というイメージだね。最初に、タカミムスヒとセットで出てくる時のカムムスヒは、あまり性別が強調されているものではない。古事記の最初のほうでは、性別がしだいにはっきりと分かれてきて、イザナキ・イザナミに至ってそれが確定する、という言い方をしていた。ところがここでは、カムムスヒは明らかに最古の母神という位置づけをされている。これは神話を語った人々自体の中に揺れがあるのだろうと思う。

恵梨子――そう言えるとしたら、タカミムスヒは父とも言えますか。

森本――実はそういう言い方もまったく不可能とは言えないようだ。というのは、いろいろ神話を分析した学者の意見では、アマテラスが主宰神となる前の段階では、タカミムスヒが天界の中心の神だったという神話も語られていた可能性が高いそうだ。

恵梨子――そうなんですか。

森本――どうもそうらしい。少なくとも、タカミムスヒが天の中心だというバージョンは存在したらしい。古事記には、いろいろあった神話のバージョンを一つにしていこうという意志はたしかに働いていたからね。アマテラスが主宰神であるというバージョンに統一しようとしているんだが、どうも、タカミムスヒが最高神だったバージョンの痕跡が見られるそうなんだね。そうするとこの神はたしかに父神というイメージを持つことになるだろう。ともあれ、アマテラスという女性神が最高神であるという選択をある時点でしたわけだね。そして、アマテラスには母という性格はあまりないし、イザナミがそうなりそうなものだけれど、イザナミはよみの国の大神になってしまったので、母神というイメージと離れてしまった。そこで母神のイメージを呼び起こす神としてカムムスヒが思い出された、というような解釈も可能なのかもしれないな。つまり、神話の中には、根源的な母という役割を持つ神がなくてはならないということだ。

恵梨子――つまり、そういうエネルギーを人は必要としている、ということですね。

森本――そういうことになる。ちなみに、オホゲツヒメという名前は、ここのほかこれまでに二回登場している。国生みでの粟の国の神と、それからイザナミが火の神を生むちょっと前にも名前が出てくる。しかしあんまり関連性がないので、これはよくある名前であって同一の神ではないのだろうという学者もいるが、詳しいことはよくわからない。

恵梨子――それでは、次はいよいよヤマタノヲロチの神話になります。

第八章　スサノヲのヲロチ退治

そこで、（スサノヲノミコトは）追いやられて、出雲の国の肥の河の川上、名は鳥髪《とりかみ》というところに降った。このときに、箸がその河より流れてきた。ここで、スサノヲノミコトは、人がその川上にいると思って、たずね求めてさかのぼっていくと、老人と老女の二人がいて、少女を中に置いて泣いていた。

そうして、お尋ねになって、「おまえたちは誰か」とお尋ねになった。そこで、その老人が答えて言うことには、「わたくしめは、国つ神で、オホヤマツミの神の子です。わたくしめが名はアシナヅチといい、妻の名はテナヅチといい、娘の名はクシナダヒメといいます」と言った。

また問うことには、「おまえが泣くわけは何か」と問うた。答えて申し上げて言うことには、「わたくしめの娘は、もともと八人いたのですが、これを、高志《こし》の八俣《やまた》のヲロチが、毎年やってきて食べるのです。いま、それが来る時です。ですから泣くのです」と言った。

そうして、問うことには、「その形はどんなふうか」と問うた。答えて申し上げたことには、「その目は、赤いほおずきのようで、身が一つで、八つの頭、八つの尾があります。また、その身には日影蔓《ひかげかずら》と檜《ひのき》と杉が生えており、その長さは谷が八つ、山が八つにわたっており、その腹を見ると、ことごとく、いつも血でただれております」と申し上げた。

そうして、ハヤスサノヲノミコトは、その老人に仰せになり、「この、おまえの娘を、私にくれるか」と仰せになった。答えて申し上げるには、「恐れ多いことです。まだ、御名を知りませんので」と申し上げた。そうして、答えて仰せになることには、「私は、アマテラスオホミカミの弟である。そこで、今、天から降ってきたのだ」と仰せになった。そうして、アシナヅチ・テナヅチの神の申し上げることには、「そうでしたらば、恐れ多いことです。奉りましょう」と申し上げた。

そうして、ハヤスサノヲノミコトは、すぐにその娘を霊威ある櫛に変えてしまい、その御みずらに差して、そのアシナヅチ・テナヅチの神に告げて言うことには、「おまえたちは、繰り返し醸《かも》した強い酒を作り、また、垣根を作りめぐらして、その垣根の八つの門を作り、門ごとに八つの棚を設けて、その棚ごとに酒船《さかぶね》（酒を入れた大きな器）を置いて、酒船ごとにその強い酒を入れて、待っておれ」と仰せになった。

そこで、言葉の通りにしたくをして待っている時に、その八俣のヲロチは、ほんとうに言った通りにやってきて、すぐに酒船に自分の頭を差し入れて、その酒を飲んだ。ここで、飲んで酔って、そのまま寝てしまった。

そうして、ハヤスサノヲノミコトは、その腰に帯びた十拳の剣を抜き、その蛇を切りきざむと、肥の河は、血に変わって流れた。そこで、その中の尾を切ったときに、御刀の刃がこぼれた。

そうして、奇妙に思って、御刀の先でその尾を切り裂いて見ると、つむ羽の太刀があった。そこで、この太刀を取って、不思議なものと思って、アマテラスオホミカミに申し上げて奉った。これが、草那岐《くさなぎ》の太刀である。

そういうわけで、そのハヤスサノヲノミコトは、宮を作るべき場所を出雲の国に求めた。そうして、須賀という土地に来たときに、仰せになることには、「私は、ここに来て、私の心は、すがすがしい」と仰せになって、そこに宮を作って住まわれた。そこで、その地は、今でも須賀という。この大神がはじめて須賀の宮を作ったときに、その地から雲が立ち上った。そうして、御歌を作った。その歌に言うことには、

八雲立つ　出雲八重垣　妻籠《つまご》みに　八重垣作る　その八重垣を

恵梨子――この神話は有名ですが、似たような神話は他の国にもたくさんありますね。

森本――そうね。これはいわゆるドラゴン退治型の神話で、英雄が怪物を退治して女性を救出するというパターンを基本としている。ギリシア神話で、ペルセウスがアンドロメダを救ったという話が有名なので、ペルセウス＝アンドロメダ型（あるいはペルセウス型、アンドロメダ型）などとも呼ばれている。

恵梨子――世界中にあるんですね。

森本――これは本当に多い。たとえばスター・ウォーズだって最初に作られた作品はそういう神

話パターンによって作られている。これは神話学者ジョゼフ・キャンベルが指摘したことだけれども。

恵梨子――この神話はどういう意味があるのでしょうか。

森本――これもアマテラスとスサノヲの対立と同じように、秩序と反秩序の闘争という意味はありそうだ。人々がこういう話を本質的に好んでいるということは、秩序が危険にさらされ、危なくなったところで反秩序の勢力を破り、秩序が回復する、というパターンが基本的に「気持ちいい」からなのだ。それがドラマ、つまり劇的なるものの基本中の基本である。水戸黄門やウルトラマンだってそういうパターンになっている。これも言ってみれば死と再生パターンであり、いったん仮死を経て秩序が更新されることが、精神にとってはとてもエネルギーを得ることができることなのだ。だから繰り返し反復されている。

恵梨子――いわゆる勧善懲悪というストーリーもそういうわけですね。悪が勝ちそうになるけれども、最終的には善が勝つという……。

森本――善が勝つということが宇宙の秩序なのだね。悪は善の勝利のための媒介として必要であるということだ。それが善悪二元性の意味だね。

恵梨子――悪は、この宇宙的ドラマにおいて、善を引き立てる役……。

森本――それが少なくとも神話的思考でのロジックなんだね。たとえばグリム童話などでも、悪い魔女などは徹底的に残酷にやっつけられてしまう。怪物退治と同じことだからね。スピリチュアルな世界観に従えば、悪は実体としてあるものではない。悪の権化、つまり悪魔みたいなものが実在して、神と対立して闘争をしているというわけではないんだ。宇宙には善しか実在しない。悪は、善を引き立てるためにそういう役割を仮に演じているものであって、その本質はやはり純粋な生命エネルギーなのだ。

恵梨子――つまり、悪は打ち破られるためにある、みたいな感じですか。

森本――そういう感じだね。それが基本だ。もっとも最近では、善が勝つのではなく、悪がのさばることで終わるようなダーク・エンドの小説とか映画も多い。特に西洋のものにはそういう暗い作品があって、そういうのがともすると高級な作品だと見なされ、勧善懲悪パターンは大衆向きにすぎないなどと考えている批評家なんかもいる。これはまた近代のインテリの持っている「思い癖」みたいなもので、宇宙の根本が調和であるということが信じられないのだ。それを信じないのが知識人たるゆえんみたいに思いこんでいる。

恵梨子――そういうところもありますね。

森本――宇宙は基本的に調和しているという感性は、神話から学ぶべき重要な要素だと思う。……さて、ではこのヤマタノヲロチ神話を少し詳細に見ていこうか。

恵梨子――そうですね。

森本――この神話は、最終的に草那岐の剣を獲得し、それをアマテラスに奉納するという結末に向かって進んでいる。この剣が、三種の神器の三つ目だ。あとの二つは、天の石屋の時に作られた鏡と玉だったね。

恵梨子――そうでした。

森本――ヲロチの尾からその剣が出てきたというところがおもしろい。
恵梨子――そうですね。それと、その剣をアマテラスに奉納したということは、アマテラスとスサノヲは最終的に和解したということでしょうか。
森本――その二人の葛藤は解決されたことになる。スサノヲはヲロチ退治を経て生まれ変わっているのだ。そして、暴虐であると見られていたヲロチは、実は宝剣を隠し持っていたことになる。これはどういうことかだ。
恵梨子――すると、ヲロチは完全に悪ではない……。
森本――そういう貴重なものを秘めていたわけだ。ここでよく考えてみると、ヲロチとスサノヲはある意味で似ているとも言える。ヲロチも、狂暴なるエネルギーを体現している。しかしそういうエネルギーは、スサノヲも持っていたものだったわけだ。
恵梨子――ある意味では、似たもの同士ですね。
森本――そう、どちらも、コントロールされていないエネルギーをもてあまし、秩序を危険にさらす存在であったわけだ。スサノヲは、ヲロチと似たような過剰なエネルギーを持っている存在であるからこそ、ヲロチを退治することができたとも言える。
恵梨子――毒をもって毒を制す、と言いますが、そんなことですか。
森本――そういう感じ。そういう過剰さを持った存在だからこそ怪物を退治できる。普通の者ではいけないのだ。怪獣を退治するのはウルトラマンであって普通の人間ではないだろう？　つまりそういう英雄というのは「異常性」を持っているわけだ。どこか日常の秩序からはみ出してしまう部分を持っている。それは彼が持っている強大なパワーの現れでもあるんだ。世界の英雄神話を見ても、たいていその主人公は出生が普通ではなかったり、何らかの異常性を帯びているものだ。そのような、はみ出している部分を持っている。それが劇的なるものが生まれる大きな要素である。

恵梨子——ドラマでも、出生の秘密なんて要素があったりしますものね。

森本——まあそれも関係あるかもね。とにかくスサノヲについて一貫して描かれているポイントは、「エネルギーの過剰さ」ということだ。それが制御されていない状態であったとき、それは大いなる混乱をもたらした。しかし今度は、その強大なエネルギーが正しい方向に向けられている。ここで注目したいのは、スサノヲは、力の勝負でヲロチに勝ったわけではないということだ。

恵梨子——知恵を使っていますね。

森本——真っ向から正々堂々と力の勝負を挑むというのは武士道とか騎士道の考え方で、それは中世に出てきた価値観であって、古代にはそういう価値観はない。むしろ、奸智を使っていかにうまくだまして勝利を得るかということが評価される。これは古事記の他の部分にも出てくる。

恵梨子——頭を使うんですね。

森本——そう、だまされた方が悪いという考え方が古代では基本だ。

恵梨子——頭が悪かったのだと。

森本——そう、つまりここでは、スサノヲは知性を使ってヲロチを攻略した。これはそれまでのスサノヲにはなかったことだった。それまでスサノヲは大きくなっても泣いていたり、あるいは感情のままに大暴れをしたりで、とても幼児的で衝動的なキャラクターだった。それがこの神話ではすごく理性的に行動している。それによってスサノヲの持っているエネルギーは無秩序に暴走することなく、正しい方向に流れ、ヲロチを制圧することができたわけだ。
恵梨子――ある意味では、スサノヲは成熟していったと言えますね。
森本――たしかに古事記の記述では、スサノヲが成長していったように書いてある。それは間違いない。言ってみれば、このヲロチ退治が、彼が成年になるための試練であったとも言えるだろう。彼は力の使い方を学んだのだ。力を正しく使うことができる「戦士」になったわけだ。
恵梨子――英雄の誕生ですね。
森本――それが宇宙の調和にかなったことだったわけだ。それで、ヲロチの尾から宝剣が出てきたのはどうしてか。ここでは、剣というものが何の象徴なのかを考えなくてはならない。そして、鏡・剣・玉という三つが何を表しているか、ということもだね。
恵梨子――はい。その三つ組みは、とてもいい組み合わせのような印象がありますね。
森本――この三つは、基本的な三つの価値を表しているような気がする。つまり、それぞれ、鏡とは「神聖なるものにつながる力」であり、剣とは「戦いの力、闇を打ち破る力」であり、そして玉とは「物質的な豊穣さをもたらす力」ではないかな、と思う。インドのカースト制というのを知っているね？　あれはもちろん現代では差別だという問題もあるが、本来的には、宇宙の秩序が社会の秩序に反映しているという考え方によっている。基本的に四つに分けられていて、それをヴァルナと呼ぶ。その中で、いちばん上のバラモンは、神々への祭祀をとりおこなう。つまり、神聖なるものとつながる役目。二番目のクシャトリアは、武士だ。そして三番目のヴァイシャが商人になる。

これは物質的な豊かさを追求するわけだね。もう一つ、いちばん下のシュードラという奴隷がいるが。

恵梨子——つまりそれも、鏡・剣・玉というイメージに対応するのですね。

森本——そうそう。それで、こういうふうな三つのカテゴリーで考えるのは、インド・ヨーロッパ語族の思考の特徴で、日本神話にもその影響があるという説をなしている学者もある。しかし、それはどうかな。別にインド・ヨーロッパ語族に限らず、人類普遍の神話的思考パターンとは言えないだろうか。まあ、今はその起源という議論には入らないとして、もう一つの例としては、タロットカードがあるよ。

恵梨子——タロットですか？

森本——タロットは、ワンド・ソード・ペンタクル・カップの四つのシンボルで分けられているね。ここでワンドとは棒のことだが、これは本来、王様が持っている「笏《しゃく》」のことで、王権のシンボルなのだ。つまり神聖なるものとつながる力を意味している。ソードとは文字通り剣のことだ。そしてペンタクルは、五芒星が描かれている金貨で、これが豊かさを象徴することが明らかだね。ここで「笏」は、鏡と置き換えてもいいものだと思う。もう一つ、四番目はカップだが、これは優勝カップって言う時のカップで、もともと「聖杯」を意味しているんだね。これは感情的な、内面的な力を表すものとされている。

恵梨子——そうすると、鏡・剣・玉の要素はタロットにも入っているということですねえ。それに四番目が加わっている形なんですね。三種の神器では、鏡・玉は高天原からもたらされたのだけれども、剣だけは地上世界へ降りてスサノヲが取ってきたことになるわけですね。
森本――タロットのカードでも剣（ソード）のカードは、一見ネガティブな、なかなか厳しいカードが多い。背中に剣が十本刺さって死んでいたりするのもある。これは、剣というのは、諸刃の剣とよく言うように、一歩使い方を間違えるとたいへん危険なものだからだ。しかし正しく使うとおそろしいまでの力を発揮する。そして剣のカードには、正しい思考とか決断という意味もある。知性の正しい使い方という領域も含まれているんだ。
恵梨子――そうすると、スサノヲが知恵を使ってヲロチをやっつけたこととも関係しますね。
森本――そうそう、関係する。しかも、さっき言ったように、ヲロチ的なものはスサノヲも持っていた。ある意味で、ヲロチはスサノヲの分身でもあると見ることができる。ヲロチとの戦いは、自分との戦いでもあった。つまり、自分の中の荒々しく制御されない部分、その意味で闇の部分を切る、切り離すという意味があったと思う。
恵梨子――それが先ほど言われた、剣の「闇を打ち破る力」ですか。
森本――あるいは「二元性を克服する力」と言っていいかもしれないね。これはつまり、「エネルギーを変容させる力」でもあると思うんだ。純化されていない、いわば濁ってしまったエネルギーを本来の純粋な状態に戻すというのが、変容ということだね。だから、剣は、最初からヲロチが持っていたのか、それともスサノヲが勝利したことによってそこに出現したことになったのか、それはどっちとも考えられるが、いずれにしても、その剣はスサノヲのエネルギーが純粋化して「闇を打ち破る力」として結晶化したということだね。宝剣とはつまり、自分の強大な力を正しく使うということのシンボルとも言える。自分の力を恐れる必要はないということでもあるね。

惠梨子——最初からヲロチが剣を持っていたのなら、隠されていたものが明らかになったということになりますよね。

森本——そうね。剣というものは日本の伝統では、ある霊的な価値があるものと見られる場合がある。名剣とか言われるものには霊的な力が宿っているという思考だ。これは日本特有ではなくて、世界各地にそういう考えはある。剣というものは基本的に人を殺すための道具なのだから、そういうものは完全にないほうがいいという考え方もあるだろう。ただ、剣の象徴性というのは、その議論とはかみ合わない何か大事なものを含んでいる。現実的には剣は戦争に使われたかもしれないけれども、人間が剣に感じる何かというのはやはり必要なエネルギーとしてそこにあると言うべきじゃないかな。現代の私たちは、本物の剣を持つ必要はないが、いわば、エネルギー的な剣は必要なのではないかという気がする。

惠梨子——エネルギー的な剣ですか。

森本——そう。闇を克服する鋭い力は、どこかで必要になる。そういう形のエネルギーが使えるということは役に立つのだ。ところでこの神話は、高天原ではなくて、地上世界に降りたことになっているね。クシナダヒメも地上世界の神、つまり国つ神だとされている。この世界がヲロチによって支配されていたということは、やはりここでも混沌が存在していたということ、エネルギーが無秩序に動いている状態があったということを意味する。実はこの怪物退治型の神話を、宇宙の始まりの神話として語っている文化も存在する。バビロニアなんかはそうだ。つまり原初の混沌を怪物に見立てて、それを秩序化していくことを怪物退治として語る、というパターンだ。ある意味では、スサノヲのこの行為も、乱れている地上世界を秩序化していくことになる。実を言えば、古事記ではこれ以降、「地上世界を秩序化する」というテーマが繰り返されてくる。天にくらべて地上は乱れている、それを直していかねばならない、という動機が現れてくる。だからスサノヲは、地上世界に最初の秩序をもたらした者としての栄誉を受けることになる。スサノヲが宝剣を手にしたのにはそういう意味もありそうだな。

恵梨子――いずれにしろ、アマテラスとも和解しましたし、めでたしめでたしですね。

森本――そうね。そして、クシナダヒメと結婚して、よい地を選んで家を建てるということだが、この時歌った歌が、歌というものの始まりだということになっている。これはスサノヲが地上の文化を創ったということを表現していて、これを「文化英雄」などとも言うね。

恵梨子――スサノヲは高天原を追われたけれども、地上世界に秩序をもたらすという偉大な働きをした、と言っているわけですね。この歌には不思議なエネルギーが入っているような気がします。

森本――たしかに、「すがすがしい」という言葉が深くしみいっていくようなエネルギーを持っているね。やはりそれは、神聖なものとつながっているときの感覚ではないだろうか。

恵梨子――そんな気がしますね。

第九章　オホクニヌシ

恵梨子――次に、オホクニヌシの神話になりますね。
森本――ひきつづき舞台は地上世界だね。出雲の国になっている。最初はオホアナムヂという名前になっている。
恵梨子――最初は有名な因幡のシロウサギの話ですね。

さて、このオホクニヌシの兄弟は、八十神《やそかみ》がいた。しかし、みな、国をオホクニヌシに譲った。そのわけはこのようである。その八十神は、それぞれ、因幡のヤカミヒメと結婚しようという気持ちがあって、ともに因幡に行こうとしたときに、オホアナムヂ（のちのオホクニヌシ）に袋を背負わせて、従者として連れて行った。
ここで、気多《けた》の岬に着いたときに、赤裸のうさぎが伏せっていた。八十神がこのうさぎに言ったことには、「おまえは、この海の水を浴び、吹く風に当たって、高い山の上に伏せっておれ」と言った。そこで、そのうさぎは、八十神の教えに従って寝ていた。そうすると、その塩が乾いていくうちに、その身の皮は、ことごとく風に吹かれて破れてしまった。そこで、痛み苦しんで泣き伏せっていると、最後に来たオホアナムヂの神がそのうさぎを見て言うことには、「どういうわけでおまえは泣き伏せっているのか」と言った。

うさぎが答えて言うことには、「わたくしは、隠岐の島にいまして、ここに渡ろうと思ったのですが、渡る方法がありませんでした。そこで、海のわにをだまして、こう言いました。『私と君と、どちらの一族が数が多いのかを競争しよう。だから、君は、その一族をありったけ集めてきて、この島から気多の岬に至るまで、みな並び伏せなさい。そうすれば、私はその上を踏んで、走りながら数えて渡っていこう。そこで、私の一族とどちらが多いかわかるだろう』と言ったのです。そのように言われたとおりに、だまされて並び伏しているときに、私はその上を踏んで、数えながら渡ってきて、もう陸に着こうというときになって、私は『君は、私にだまされたんだよ』と言ってしまったのですが、するといちばん端に伏せっていたわにが、私をつかまえて、ことごとく私の衣をはいでしまいました。このために泣いて困っておりましたところ、先に来た八十神たちが、教えてくれますことには、『海の水を浴びて、風に当たって伏せっておれ』とおっしゃいました。そこで、教えられたとおりにしましたらば、私の身が、ことごとく傷ついてしまったのです」と言ったのだった。

ここでオホアナムヂの神は、そのうさぎに教えて言うことには、「今すぐに、この河口に行って、真水でおまえの身を洗って、すぐにその河口にある蒲《がま》の花を取って、地面に敷いてその上をころがるならば、おまえの身は、元の肌のように必ず癒やされるだろう」と仰せになった。そこで、教えられたとおりにすると、その身は元の通りになった。これが、因幡のしろうさぎである。今は菟神《うさぎがみ》という。

そこでそのうさぎは、オホアナムヂに申し上げて、「この八十神は、ヤカミヒメを得ることはないでしょう。あなたさまが得るでしょう」と申し上げた。

森本——ここはオホクニヌシの話としてはまだ序章だが、ここではオホクニヌシが「癒し」をおこなうことができる者であることが示されている。古代では、癒しを提供するのはシャーマンだった。オホクニヌシにシャーマンの性質があることは多くの学者が論じている。オホクニヌシの話ではシャーマン的な話がとても多い。

恵梨子——このウサギとの出会いが描かれているのは、どういう意味なんでしょうか。

森本——そういう、オホクニヌシの癒しの力を描いている。それは、八十神の残酷さと違って、オホクニヌシが高い霊性を持っているということも表現しているね。オホクニヌシが特別な存在であることを印象づけている。

恵梨子——このウサギが、予言をしますね。

森本——よく考えるとこのウサギもただものではない。菟神と言っているね。つまりウサギの精霊みたいなものなんだろうね。この、ウサギがワニの背中を渡っていこうという話は、これとは別にあった話で、ここでつながったのかもしれない。ワニにやられたウサギを癒すという話があって、癒しの力を持つオホクニヌシが連想されたのだろうかね。

恵梨子――ところで、この時代に、ワニが日本海にいたのでしょうか。

森本――その疑問を感じている人は多くて、これはワニではなくて「ワニザメ」のことだ、と考える学者が多い。そういうわけで、絵本なんかでもサメの形に描いてあるものも多いようだ。古語辞典では「さめ類の古名」となっているものもある。

恵梨子――サメですか。

森本――でもまあ、それはそれほど重要なことでもない。この対話では取り上げられないが、のちに、トヨタマビメが「わに」の姿になって子を生むという場面が出てくる。つまり、「わに」というのは、海の力を体現するという動物と見なされていたわけだね。

恵梨子――は虫類であるのと魚であるのとはだいぶ印象が違いますね。

森本――それからこの話では、オホクニヌシが袋をかついでいるので、何となく「大黒様」とイメージを重ねている人も多いのかもしれない。

恵梨子――そうですね。

森本――大黒天というのは、もともと「マハーカーラ」というインドの神さまで、仏教とともに日本に入ってきた。それは「黒」という色からもわかるようにかなりこわい、破壊をつかさどる神であったんだけれども、日本に入ってくると「だいこく」という名前が「大国主命」という名前と似ていることもあって、だんだん混同されてくる。打ち出の小槌や米俵などは江戸時代にできたイメージで古事記とはぜんぜん関係がないのだけれども、大きな袋をかついでいる姿は、この因幡のしろうさぎの話から来ている。古事記では、この袋には八十神たちの旅の荷物が入っているはずだけれども、袋をかついだイメージ自体に、何か福の神的な印象があるわけだ。七福神のイメージはもちろん古事記の時代のものではないが、ただこのオホクニヌシが、「豊穣」や「豊かさ」を体現している神であるということは否定できないんだね。

恵梨子――つまり大黒さまになっていく素性は持っていたわけですね。

森本――さきほどの三種の神器の話で言うなら、オホクニヌシは本来「玉」の美徳、タロットでいうペンタクル（金貨）の性質を持っていておかしくないのだということになるね。そういう「大地」的なエネルギーを象徴しているのがこのオホクニヌシではないだろうか。

ここで、ヤカミヒメは、八十神に答えて言うことには、「私は、あなたがたの言うことは聞きません。オホアナムヂと結婚します」と言った。そういうわけで、八十神は怒って、オホアナムヂを殺そうと思って、みなで相談して、伯耆の国の手間の山のふもとに来たときに言うことには、「赤い猪がこの山にいる。そこでわれわれは、みなで追い落とすので、おまえは待ち受けてつかまえろ。うまくつかまえられなければ、おまえを殺すぞ」と言って、猪に似た大きな石を火で焼いて、転がして落とした。そして、八十神が追いかけて、オホアナムヂがこれを取ると、たちまちその石に焼きつけられて死んでしまった。

そうすると、その御母の神が泣き悲しんで、天に参り上り、カムムスヒノミコトに申し上げると、すぐにキサカヒヒメとウムカヒヒメとを遣わして、これを作り生かすようにさせた。そうして、キサカヒヒメが体のかけらをこそげ集めて、ウムカヒヒメがそれを待ち受けて、母の乳汁を塗ったところ、うつくしい青年となって、歩き出したのだった。

ここで八十神はそれを見て、まただまして山の中に連れて行き、大きな樹を切って倒して、矢をはめてその木の裂け目につっかい棒をして、その裂け目の中に入らせると、たちまちその矢を抜き取り、はさみ殺してしまった。そこで、その御母の神は、泣きながら探していると、見つけることができ、すぐにその木を裂いて（オホアナムヂを）取り出して生き返らせ、その子に告げて言うことには、「おまえは、ここにいると、ついには八十神に殺されてしまうだろう」と言って、すぐに木の国のオホヤビコの神のみもとにしのんで行くようにさせた。

そうすると、八十神は探して追いかけてきて、矢をつがえてオホアナムヂを出せと求めたとき、（オホヤビコは）木の俣からくぐり抜けて逃がすようにして、「スサノヲノミコトのいらっしゃる根の堅州国に行きなさい。必ずその大神が何とかしてくれよう」と言うのであった。

恵梨子――そしてウサギの予言通り、ヤガミヒメはオホクニヌシを婿に選ぶのですが、兄弟の八十神の嫉妬を受けて、命を狙われます。
森本――ここが興味深いのは、また死と再生のパターンが現れているね。
恵梨子――そうですね。それも二度もです。
森本――ここで最初のケースを見ると、焼かれた石を落とされて死んだわけだが、それを助けたのは母神なんだね。この母神は、スサノヲとクシナダヒメから四代目の子孫だ。彼女は高天原のカムムスヒに助けを求めた。またここで母の母、母たるものの根源であるカムムスヒが登場する。カムムスヒはキサカヒヒメとウムカヒヒメの二人の女神をつかわす。この二人は要するに貝を表している。キサカヒヒメが身体のかけらをこそげ集め、ウムカヒヒメがそれを待ち受けて、母親の乳を塗ると、立派な大人になったという。ここでは、女性の力が強く表れている。貝というシンボルも女性的なものだ。

恵梨子——女性の力が再生を助ける……。

森本——そういう感じだね。この場面については青木繁の有名な絵があるから、見てみるといい。

恵梨子——この、乳というのが……。

森本——それも生命エネルギーの象徴だね。もともと「乳」というのは「血」と同じ語源から来ていて、エネルギーが凝縮したものなんだよ。

恵梨子——二回目も母神に助けられますね。

森本——そうそう、死と再生が二回繰り返されている。死と再生というのは神話においてはとても根源的なパターンであることはすでに言ったと思うが、ここでは、シャーマンの「イニシエーション」という性質がかなり表れているね。

恵梨子——イニシエーション？

森本——これもエリアーデによる用語なのだが、通過儀礼的なものだね。イニシエーションというのは二通りがあって、シャーマンなどの場合と、一般の人の成年式の場合とがある。シャーマンの場合は、ある試練を超えることによって特別な力を得る、という発想がある。そこで必ず、いったん死んでまた復活するという部分が入ってくるのだ。一般の成年式の場合にも、象徴的にこの死と再生のパターンが再現される、と言われている。

恵梨子——言ってみれば、修行のようなものですね。
森本——そういう感じかな。そして、二度目の今度は木の国を通って根の堅州国に逃げることになる。木の神としてイザナキ・イザナミが生んだオホヤビコがここで出てくるのもおもしろいね。そして根の堅州国でいよいよスサノヲと対面することになる。
恵梨子——オホクニヌシはなぜ根の堅州国に行くのでしょうか。
森本——それは、一つの試練とも言えるね。英雄は違う世界、他界に行ってそこで試練を克服するというパターンがある。スサノヲにしても高天原から出雲へと降りて、そこでヲロチ退治をしたわけだ。あるいは桃太郎が鬼ヶ島に行ったりする。
恵梨子——いわば、武者修行でしょうか。
森本——どうもそういう発想はあるようだね。オホクニヌシは根の堅州国でもいろいろな試練を経験することになる。それによって成長していくという話になっている。
恵梨子——根の堅州国がここで登場しますが……これはどういう国ですか。
森本——木にあいた穴から入っていくということになっているのはおもしろい。オホクニヌシがシャーマンだとすると、シャーマンが地下世界へ旅するという話はとても多い。その地下世界のイメージだが、これを見るとそれほど暗いという世界ではなさそうだ。むしろ、ふつうの世界とあまり変わらないという印象を受ける。
恵梨子——似たような世界がありますね。
森本——そういうものなのかもしれない。他界といっても、まったくこちらの世界と違うシステムの世界とは限らないのだろう。
恵梨子――そこにスサノヲは王としているのですが……スサノヲは、出雲で宮殿を建てて住んでいるのではなかったのでしょうか。
森本――そうそう、いつのまにか、スサノヲは根の堅州国に来ている。出雲はどうなってしまったのか。出雲を放棄して、念願の通り根の堅州国に来たということなのか。ちょっと、つじつまがあっていないように見える。しかし、もともと古事記を作った人は、現代の小説家がするように、話のつじつまを合わせるということには関心がなかったのだ。最初から、つじつまが合うなんてことを考えていないのだから、私たちがそれを、無理につじつまを合わせようと解釈するのもばからしいということになる。破綻していると見えても、もともとそういうものなのだ。だから、とんでもなくご都合主義であってもいっこうにかまわないという感じだね。ただ、やはり、スサノヲの持つ強大な力は、「冥界」と結びついているところがある。スサノヲが地下世界と関連づけられるのは、自然な連想ともいえる。

そこで、お言葉に従って、スサノヲノミコトのみもとに参り着いたところ、その娘のスセリビメが出てきて、（オホアナムヂを）見て、目配せをして、すぐに結婚した。屋敷に戻って、その父（スサノヲノミコト）に申し上げて言うことには、「とてもうるわしい神が来ました」と言った。そうして、その大神は、出てきて見ると、「これはアシハラシコヲの神というのだ」と仰せになって、すぐに中に召し入れて、その蛇の室に寝かせた。ここで、その妻スセリビメノミコトが、蛇のひれをその夫に授けて言うことには、「その蛇が食おうとしましたら、このひれを三回振って打ち払ってください」と言った。そこで、その通りにすると、蛇はひとりでに静まった。そこで、無事に眠って、外に出てきた。

また、その来た日の夜には、むかでと蜂の室に入れた。また、むかでと蜂のひれを授けて教えることは前と同じであった。そこで、無事に出てきた。

また、かぶら矢を大きな野の中に射入れて、その矢を取って来させた。そこで、野に入ったときに、すぐさま火を放ってその野をすべて焼いた。そこで、野から出るところがわからずにいたときに、ねずみがやってきて言った。「内はほらほら、外はすぶすぶ」と、こう言った。そこで、そこを踏みしめてみると、落ちて穴の中に入り、隠れているうちに、火は燃え過ぎていって。そこで、そのねずみは、そのかぶら矢をくわえて持って出てきて、（オホアナムヂに）差し上げた。その矢の羽は、そのねずみの子どもたちがかじっていた。

ここで、その妻スセリビメは、喪の用意をして泣いて出てくると、その父の大神は、すでに死んでしまったと思って、その野に出て立っていた。そうすると、（オホアナムヂが来て）その矢を持って差し出したので、家につれて入って、田がいくつも入るほどの大きな部屋に召し入れて、その頭のしらみを取らせた。そこで、その頭を見ると、むかでがたくさんいた。ここでその妻が、むくの木の実と赤い土を取って、その夫に授けた。そこで、その木の実を食い破り赤い土を口に含んで吐き出すと、その大神は、むかでを食い破って吐き出すものと思って、心でいとしく思って寝てしまったのだった。

そうして、その神の髪を取って、その部屋の垂木ごとに結いつけて、五百人でも動かせない巨大な岩をその部屋の戸に取り塞いで、その妻スセリビメを背負って、すぐさまその大神の生大刀《いくたち》・生弓矢《いくゆみや》と、その天の沼琴《ぬこと》を取り持って、逃げ出したときに、その天の沼琴が、樹に触れて、大地が動くほどに鳴り響いた。そこで、その眠っていた大神は、聞いて驚いて、その部屋を引き倒してしまった。しかし、垂木に結ってある髪を解く間に、遠く逃げたのだった。

そういうわけで、よもつひら坂まで追って来て、はるかに望んで、呼ばわってオホアナムヂの神に言うことには、「その、おまえが持っている生大刀・生弓矢をもって、おまえの腹違いの兄弟たちを坂のふもとに追い伏せ、また、河の瀬に追い払って、きさまは、大国主神となり、また、ウツシクニタマの神となって、そのわが娘スセリビメを正式な妻として、宇迦《うか》の山のふもとにおいて、底の岩根に宮柱を太く立てて、高天原に千木《ちぎ》を届かせて、住め。こいつめ」と言った。そこで、その大刀・弓をもって、その八十神を追い払ったときに、坂のふもとごとに追い伏せ、河の瀬ごとに追い払って、はじめて国を作ったのだった。

恵梨子――ともあれオホクニヌシは、スサノヲの娘のスセリビメと、電撃的に結ばれるのですね。

森本――これも古事記には何度かあるパターンだが、オホクニヌシは女性の力を味方にする、という特徴があることを思い出すとよい。日本ではもともと女性は霊的な力とつながる能力があると見なされているのだったね。今でも日本ではスピリチュアルなことがらに興味を示すのは女性の方が圧倒的に多いが、外国ではそんなに女性が多いというわけでもない。それはやはり日本の文化だという気がする。シャーマンだって他の文化では男性の方が多いこともよくある。
恵梨子――アシハラシコヲとはどういうことですか。
森本――葦原色許男命というのは、葦原という葦原中国のことで、地上世界をさす。「しこ」というのは「醜女」の「しこ」と同じなのだが、これは必ずしも「みにくい」という意味ではなくて、「強烈なパワーを持っている」ということを意味している。魔力みたいなものがある、という感じに近いかもしれない。
恵梨子――スセリビメの援助によって、蛇の室、そしてむかでと蜂の室の難を逃れますね。
森本――これは、結婚難題譚というパターンで、結婚が許可されるまでいくつかの難題をこなさなければならない、という話だ。このパターンの物語も世界の神話にはたいへん多いものだね。ここで出てくる「ひれ」というのも魔術的な道具だね（ひれの呪力については、ここでは取り上げないが、古事記の後の方にあるアメノヒボコの神話にも出てくる）。このパワーはスセリビメからオホアナムヂに与えられたということになる。オホクニヌシはさらに、野原で焼き打ちにあうが、今度はネズミが助けてくれることになる。このように、難題に取り組んでいる者には、どこからともなく助力が現れるというパターンもまた多くある話だ。こういう存在を「神秘的助力者」と呼んでいる。
恵梨子――そのもののネーミングですね。
森本――そう、つまり、難題とはいっても、オホクニヌシは全部、自分の努力でそれを克服するわけではないのだ。すべて助けが入って、うまくやってしまったわけだ。
恵梨子――というと、古事記は、苦労して勝ち取らなければいけない、という価値観とは違うわけですね。
森本――そうなんだね。つねに「助け」が与えられるんだね。その助けを受け入れることによって、困難と思われたことを簡単にやってのけることができる。そして最終的に、スサノヲから後継者として認められることになるわけだね。そうして根の堅州国から地上の出雲に帰り、そこで国作りをすることになる。
恵梨子――このオホクニヌシの物語から読み取れるスピリチュアルな意味というのはどういうことでしょうか。
森本――まずは、オホクニヌシとはどういう神なのか、ということだが……その「大国主」という名前から、地上を支配する神という意味合いがあることは予想できる。このあと、出雲地方の経営に乗り出し、国を作っていくわけだね。これまで見た物語は、彼がそういう国の主という資格を得るまでの過程を語っているね。死と再生を繰り返したこと、そして地下世界へ行ったことが語られた。結局、地下世界、つまり根の堅州国へ行くことで、オホクニヌシはパワーを獲得したと言えそうだ。スセリビメはある意味では、その世界のパワーをオホクニヌシに与えてくれる存在だった。
つまり、オホクニヌシというのは大地の力に関係している。大地の女神とはまた違う形で、大地の力強さとか、豊穣の力を体現していると言えないかな。イザナキも、よみの国へ行くことで、神々を生むパワーを獲得したことはすでに見たが、それとちょっと似たところが感じられる。のちほど大黒天と同一視されてきたのは、そういう素地があってのことだろう。
恵梨子――オホクニヌシは、重厚感がある神さまですよね。いかにも地球という感じです。

森本――地球の力を表している、とも言えるかもしれないね。アマテラスが天、つまり宇宙のエネルギーを代表しているのにくらべてね。
恵梨子――そういえば「国つ神」というのは地球の神という意味でしたでしょうか。
森本――最初のほうに出てきた、天・国のペアという話の中で、天は宇宙、国は地球を表すと言った。アメノトコタチ・クニノトコタチはそういうペアだったね。天つ神、国つ神という区別が神々にはある。クニノトコタチは地球の力を表すかのように古事記では出てくるが、これは天つ神に入る。別の神話のバージョンではクニノトコタチが宇宙の根源だということになっていたりもするからね。国つ神というのはスサノヲが出雲に降りてから出会うクシナダヒメとか、オホクニヌシなど最初から出雲にいた神々をさす。
恵梨子――その国つ神はやはり地球、大地などのエネルギーを表しますか？
森本――そういう要素はたしかにあるな。オホクニヌシは本来的には、大地のエネルギーを表すことはたしかだから、鏡・剣・玉の三種の神器のなかで、「玉」にあたる徳を持っているとは言える。最後にスサノヲがオホクニヌシという名を授けるが、同時に、「ウツシクニタマ」という名も与えている。「うつし」というのは「実際に存在する」とか「ほんとうの」ということらしいが、「くにたま」は「国玉」で、国の魂ということになる。大国魂神社というのが各地にあるが、だいたいは、オホクニヌシか、それと同一視される神を祀っているね。「玉」と「魂」はもともと同じ言葉なんだ。
恵梨子――でも三種の神器の玉は、オホクニヌシのものではないですよね。
森本――そう、玉はやはりアマテラスの側にある。玉がオホクニヌシのものだったということだったほうが、バランス的にはいいのかもしれないが、そうなってはいない。ここにやはり、高天原の神々と出雲の神々とは区別されているんだね。このあとの「国譲り」で、オホクニヌシが築いていった出雲の国は、天の神々に譲渡されることになるわけだから。

恵梨子――というと、そこにはやっぱり政治的な何かがありますか。

森本――そうね、そこにはやはりなかなか複雑な事情があるようだ。そもそも、オホクニヌシは、生大刀・生弓矢・天沼琴の三つを持ったわけで、つまりこれも考えてみるとすでに「三種の神器セット」であるわけだ。だから、オホクニヌシは主宰神となる資格を、この世界においては持っていることになる。しかしそうすると、高天原と出雲の二重権力になってしまうからまずいわけだね。そこでオホクニヌシは天の神に従属するような話になっていくわけだ。だけれども、天の神々は、決して国つ神を滅ぼしてしまうわけではない。オホクニヌシは政治的な権力は奪われるが、出雲大社に祀られることになり、霊的な権威は確保することになる。ということは、天の神々は、オホクニヌシの持っている大地的なエネルギーをある意味必要としていて、それを組み込む必要があったのだと思う。エネルギー的に言えば、天の（つまり、宇宙の）エネルギーは、地球のエネルギーとブレンドしないといけないということになるかな。オホクニヌシの社の太い宮柱が、そのエネルギーの通り道なのかもしれないね。

（その後のあらすじ）

オホクニヌシは、海の彼方から出現した小さな神、スクナビコナの助けを借りて、国を作っていった。スクナビコナが常世に帰ってしまうと、御諸《みもろ》の山の神（オホモノヌシ）が国作りを手伝った。

さて、高天原のアマテラスは、葦原中国は天の神の子が治める国であると考えて、葦原中国に使者としてアメノホヒの神を送ったが、帰ってこなかった。もう一人の神アメノワカヒコを送ったが、やはり帰らなかった。アメノワカヒコは、天の神が放った矢に当たって死んでしまった。最後にアマテラスは、タケミカヅチを遣わした。アメノトリフネが同行した。二柱の神は、出雲のイザサの小浜に降り、十拳の剣を抜き、波がしらに突き刺して、その剣の切っ先にタケミカヅチがあぐらをくんで座り、オホクニヌシに対し、国を譲るよう迫った。

オホクニヌシは、二人の子供に聞いてもらいたいと答えた。息子の一人、ヤエコトシロヌシの神は、鳥を捕り、魚を捕りに出かけていたが、連れてくると、国譲りに同意した。

もう一人の息子タケミナカタは、すぐには同意せず、力比べを挑んだ。だがタケミカヅチの手を取るとそれは氷に変わり、剣の先に変わった。そしてタケミカヅチはタケミナカタを、若葦を取るようにやすやすとつかまえて投げ飛ばした。タケミナカタは逃げ、諏訪の国まで来ると、追ってきたタケミカヅチに降参し、ほかには行かないと誓った。

そこで改めて、タケミカヅチがオホクニヌシの心を問うと、大きな社を建ててオホクニヌシを住まわせるという条件で、出雲の国を譲ることを承認したのだった。

恵梨子——この、タケミナカタのやられようとか、ちょっとやはり、あまり気持ちよくないものはありますね。

森本――そのあたりは、国つ神を一段下に見ているという意識が古事記編者にはあったことがうかがわれるね。そのあたりは、あんまりスピリチュアルとは言えないだろう。ただ、オホクニヌシの力はやはり必要だったようだね。出雲大社は、この国土を固めるというか、地球のエネルギーと結びつけるものとして、そこに存在する必要があったようだ。古事記の作者が無意識に感じていたのは、宇宙と地球のエネルギーを結びつけ、調和させるということだったような気がする。しかしこれは対等ではなく、宇宙根源のエネルギーの方が基本的なものだという理解もたぶんあっただろう。その宇宙のエネルギーをあまねくこの国土に満ちあふれさせるという問題意識だ。それを政治的と人は言うかもしれないが、むしろ今の言葉で言えば宗教的情熱に近いものだったのではないかな。つまりこの時代は、政治と霊的衝動が分離していなかったと思うのだ。

惠梨子――宇宙のエネルギーと言いますと、アマテラスのエネルギーですか。

森本――そう、アマテラスに代表されるものだね。それはアメノミナカヌシから続いている霊的な系統であるわけだ。そういうエネルギーを地球にもたらすというか、そういう意識だ。国つ神、そしてそれをいただく人々は、地球のエネルギーについてはよく知っていたわけだ。それをさらに、もっと宇宙根源へ向かって意識を開いていき、根源のエネルギーを受け取れるようにすることが意義あることだった。ただ、もちろんこれは、古事記を作った人々の側の論理であって、征服された方の人々も、彼らなりに宇宙とつながるしくみを持っていたのかもしれない。

惠梨子――ということは一種の宗教戦争みたいですね。

森本――そう、それを現代人の意識から見て批判することは簡単なんだけれどね。そこに限界があったということも言えるだろう。政治ということについての意識が発達していないからやむを得ないのだ。ここで言うのは、古事記について「政治的意図」を言うだけではまだその深層には届いていないのではないかということだ。その背景には霊的な衝動があることを見落としてはいけない。要は、アメノミナカヌシからアマテラスに続くラインに、神聖なエネルギーへの直観があったということだね。大和朝廷の人々が、異民族を宗教的情熱で征服したということを現代人の価値観で批判してもあまり意味がないことだ。その時代はすべての地球人はそういう意識の段階にあったのだからね。なぜ私たちがそういう宗教的戦いを愚かなことだと思うのかと言えば、それは私たちはすべての宗教、すべての神話は「仮の姿」であることを知っているからだ。すべてはフィルターを通した理解にすぎず、絶対的に正しいバージョンというものは存在しないのだ。そのようにすべての宗教や神話を相対化する立場から初めて、そういう宗教的戦いが無意味であると言うことができる。

恵梨子――そこが、現代の神話学の立つポジションですね。

森本――そう、宇宙根源のエネルギーとつながることができるのはアマテラスというルートばかりではない。他にもたくさんある。そのことはよっぽど極端な愛国主義者でないかぎり、ほとんどの日本の人は理解できると思う。ただ、古代のその時点において、アマテラスの信仰が広まったことは、日本人の霊的感受性を高める上で意味があったと思う。たぶんそういう信仰があったから、仏教の教えも理解することができたのだ。

恵梨子――それでは最後に天孫降臨の場面を読んでみましょうか。

第十章　天孫降臨

天孫降臨までのいきさつ

アマテラスとタカミムスヒは、マサカツアカツカチハヤヒアメノオシホミミノミコト（アマテラスの子）に対し、葦原中国に降ることを命じたが、オシホミミは、その子、アマツヒコホノニニギノミコトを推薦して、彼が降ることになった。降ろうとするときに、天の分かれ道にいて、上と下を照らす神がいた。アマテラスは、アメノウズメに命じて見てこさせると、これはサルタビコの神で、道を先導しようとして来たものだとわかった。

ここで、アメノコヤネノミコト、フトタマノミコト、アメノウズメノミコト、イシコリドメノミコト、タマノオヤノミコト、あわせて五柱の供をしたがえて天降りをさせた。

ここで、あの八尺の勾玉、鏡と草那岐の剣を持たせ、また、オモヒカネの神、タヂカラヲの神、アメノイハトワケの神（天石屋別神）を添えさせなさって、仰せになることには、「この鏡を、ひたすら私の御魂として、私の前で拝むように、お祀りなさい」と仰せになった。次に、「オモヒカネの神は、そのことをよく受け持って、まつりごとをなさい」と仰せになったのだった。

（略）

そういうわけで、アマツヒコホノニニギノミコトに仰せになって、天の磐座《いわくら》を離れて、天の八重のたな雲を押し分けて、霊威あるさまで歩みを進め、天の浮橋に降り立ち、すっくと立って、筑紫の日向の高千穂のクシフルタケに天降りなさった。（略）

ここで仰せになることには、「この地は、韓《から》の国に向かい、笠沙《かささ》の岬をまっすぐに通り、朝日がじかに射す国、夕日の照らす国である。それゆえ、この地はとてもよき地である」と仰せになって、底の岩根に宮柱を太く立てて、高天原まで千木を届かせて、住まいを定められた。

恵梨子――ついに天孫降臨ですが、つまりこれはアマテラスの孫にあたるわけですね、ニニギという神さまは。

森本――そうだね。ここでは、三種の神器とともに、天の石屋の場面で活躍した神々がみな同行することになっているね。

恵梨子――この場面は、先入観をなくして読むと、すごく荘厳な感じがします。すごく光輝いていますよね。

森本――ついに天上界のエネルギーが地上界にもたらされた、という感動がある。

恵梨子――これは素直に感動してもいいものなんですよね。

森本――これに感動すると、「右」じゃないかと思う人もいるものだから（笑）。でも素直に読めばとても美しい場面だと思う。この神話には深い意味が隠されていると思うよ。ただどうしても政治的な意味が気になってしまって素直に読めない人も多いようなんだ。

恵梨子――つまりこのニニギが天皇家の祖先になるということですよね。

森本――そう。どうも学者たちは、古事記にすぐ政治的意図を探り出すことを使命と考えているところもあるからね。その感動を語ってくれる人は少ないのだが。ここで考えないといけないのは、そもそも古代の天皇、古代の王権というものは何であるか、という話だね。

恵梨子――そのスピリチュアルな意味ということですね。

森本――そうそう。まず基本を言えば、最初の王さまというのは、宗教的な権威だったということだ。シャーマンのような存在からだんだん王というシステムができてきたと言われている。つまり、王というのは、地上に身体を持って生きていながら、宇宙のエネルギーとつながることができる存在と考えられていた。たとえば「王」という漢字も、天と地をつなぐという意味から作られているわけだ。真ん中の棒が宇宙を貫く中心軸であり、日本で言う「宮柱」というわけだ。この神話にもまた宮柱を立てるというのが出てくるね。

恵梨子――そうなんですか。

森本――それだけでなく、いわば、神の子であるわけだよね。先祖は神々であって、それが地上に降りて身体を持ったのが王、つまり天皇だと言っている（ちなみにこの「天皇」という称号は、中国の道教から来ているものらしいよ）。これも日本の専売特許ではなく、古代にはかなりあった考え方だ。エジプトのファラオもそうだよね。

恵梨子——ただ、その考え方が現代まで続いているというところが珍しいですよね。

森本——そうだよね。法的な地位は象徴ということになったけれども、天皇は実質的には主に神を祀るために存在するようなものだ。天皇の宮中での大事な仕事は神々を祀ることばかりなんだね。それは今では天皇家の私的行事ということになっているが。このように神を祀る王という形が現代まで生き残っているのはとても珍しい。他の国にはないことだと思う。他の国では、王といっても何度も王朝が変わり、神々の直系である王が神々を祀るという形はもう残っていないからね。

恵梨子——でも古代ではそれがむしろスタンダードだったんですね。

森本——そういうこと。それがなぜ現代まで残ったのかというのは別の話になるから、ここでは立ち入らないでおこう。問題はここから私たちは何を学ぶことができるのか、ということだと思う。

恵梨子——そうですね。

森本——天孫降臨の神話は、つまり、天皇は神の子だということだが……言いかえれば、もともと神だったものが人になったということだ。宇宙根源のエネルギーがそこには流れ込んでいる、ということだ。だがここで考えてみたいのは、神の子という神話は他の宗教にもあるね。

恵梨子——キリストは神の子である、というのもありますね。

森本——仏教でも、人は仏の子であるというような言い方はないわけではない。キリスト教では、キリスト「だけ」が神の子だと言ったのだろうか。そういう解釈もある。というか、ほとんどのキリスト教では、そう考えているだろう。だが、「私たちすべては神の子である」という解釈もありうる。キリストは、私たち自身も神の子であることを覚らせようとしたのだ、という理解もある。仏教では私の中にはすべて「仏性《ぶっしょう》」といって、仏になりうる素地があると言っている。それを目覚めさせれば仏になってしまうわけだ。

恵梨子——そういうことになりますか。

森本——そのように、特定の宗教にとらわれず、各宗教の核心は何かと探っていく方法がある。そうすると結局、「私」が宇宙の根源とつながっているということに行き着く。地上のすべての宗教がそうだというわけではないが、少なくともそういう要素は必ず含まれていると考えられる。

恵梨子——宇宙の根源……というと、日本神話ではアメノミナカヌシですか。

森本——そう、つまり私たちは、根源のエネルギーの延長としてここに存在しているということになる。私たちもアメノミナカヌシの一部なのだということだ。これは、たとえば仏教、特に密教では、私たちは大日如来の一部であると考えていることとまったく同じだと言える。つまり、古事記を作った人々が本当に直観していたのはそういうことだ。ところがその当時の人々の意識では、まだそこまでの表現には到達しなかった。彼らは、天皇を神聖なものとみなした。天皇こそが神々の系譜を受け継ぐ聖なるエネルギーを宿したものと考えたわけだが、実はそれは、本来すべての人間がそういう聖なるエネルギーを持っているということなのだ。その当時はそういう発想ができなかったので、いわば、天皇という存在にその直観を投影していたわけだ。つまり、およそ王制というのは、人間がどこかで神聖なものとつながっているという直観から出発しているが、それを特定の人間のみに可能なことだと見なしていたという、そういう時代の文化的な産物だということだ。キリスト教だって、神の子であるのはキリストだけで、多くの人間は神の子などではない、という理解がずっと続いていて、今でも一部では続いているわけだ。それと同じだ。王、あるいは天皇は神の子である、というのは実は、「人間はすべて神の子である」という理解の前段階として登場した思考様式だと言うことができる。

恵梨子――そうすると……私たちはみな、言うならば、天孫であって、天から降臨した存在という意味でしょうか。

森本――そういう言い方もできる。根源のエネルギーが地球という世界を作り出し、その地球の中へ入り込んで、私たちという存在を作り出している。だから、私たちの身体は地球のものからできているが、精神的な部分、意識という部分は、もっと根源の世界からこちらへ到来しているのだと言うこともできる。

恵梨子――ということは、私たちは宇宙から来た、という言い方も可能ですよね。

森本――可能だ。私たちの意識は宇宙とつながっているのだ。決して、地球のものが寄り集まって私たちが作られたわけではない。

恵梨子――そうしますと、古事記が語っているように、まず地上世界があって、そこに天から降りてきたというのは、私たちの魂の来歴を語っていることになるんでしょうか。

森本――私たちが宇宙から来た存在であるということだね。地球は、その前から準備されていたんだ。その地球という領域に、私たちはある宇宙の深い部分から到来した。そのようにこの神話を読むこともできるんではないかな。

恵梨子――じゃあ、私たちはみな宇宙人だということになりますよ。

森本――それも言い方の問題だ。神々はみな宇宙人だと言っても間違いということにはならないからね。

恵梨子――ということは、オホクニヌシたちは、人間が来る以前に、この地球世界を整えた存在を表している、ということになりませんか。なんだか、だんだん「ぶっ飛び」の話になってきているようなんですが。

森本――だから、そうとも言える、ということで（笑）。何もそれを「証明」するものはないが、かといって、そう考えたら間違いかという証明もない。そこは自由に考えてもいいんじゃないかな。ただ、神話というものを、そのように深い魂の記憶が刻まれていると想像することも、許されていいのではないか、ということだよ。結局、人間というものがなぜこの地球に存在するのか、という謎はいつまでも残る。地球上の物質が進化して人間ができたという考え方が絶対に正しいと思われているけれども、それはあくまでそう考えたい人がいる、というだけの話で、それを絶対的に証明することはできない。なぜなら、どうして物質から意識ができるのかということ自体が永遠の謎になってしまうからだ。私は、意識が物質から発生したとは決して考えない。むしろ、意識はもともと宇宙の性質として、最初から宇宙に備わっているものなのだ。宇宙に発生する生命エネルギーの流れの中に、意識はしっかりと存在している。そういう意識のエネルギーとつながるとき、私たちはそれを神々というイメージで理解したということだったね。その意識エネルギーが地球という領域に来て人間という存在を作り出したと考えることは、宇宙生命エネルギーからすべてを理解しようとする発想からすれば、ごく自然な流れにすぎない。

恵梨子——そうですねえ。
森本——古代の人々は、特定の人のみが宇宙とつながっていると考えた。それが王だったり、シャーマンだったりしたということだ。ところが現代では、だれも宇宙とつながることはできないという考え方が出てきている。これはどちらも不十分だ。「すべての人は宇宙とつながっている」という考え方がそこに出てこないといけないと思うのだ。もっともこれは、これまでの宗教の中ですでに部分的には出されている考え方なのだが。
恵梨子——天孫降臨はすべての人の中で起こっているということですね。
森本——だれでも、最初に地球に来た時の感動を思い出すことができる、という意味なのかもしれないね、それは。

第十一章　神話が語るもの

恵梨子——では、まだ古事記の神話はいくらか残っていますけれども、この辺でまとめに入ってもいいでしょうか。
森本——最も重要な部分は読んできたからね。これまでに出てきた重要なポイントをまとめておこう。
恵梨子――そうですね。
森本――まず古事記は、宇宙の根源とは何かを見据えている。これが大事なことだ。宇宙のいちばん深いところについての直観が含まれているということが貴重だね。そして、そこから二元性・二極性という形で宇宙が展開していくというイメージを描いている。
恵梨子――そしてそれがだんだん性的な二元性になって……。
森本――イザナキ・イザナミの国生み、そして自然界の神々を生むというのは、そこにものすごく圧倒的な生命エネルギーの噴出があることを印象づけている。一方、そのエネルギーがあまりに強大で、そこから隔てを置こうという発想が、イザナミの「死」の部分には表れていた。
恵梨子――そこで「恐れ」が発生したということでしたね。
森本――そして、みそぎによって、イザナキは再び清浄な状態に戻る。これもまた、今になって見てみると示唆的だ。つまり、みそぎというのは、私たちそれぞれの問題でもある。私たちは身を清めることによって、宇宙エネルギーが純粋に輝いている状態に帰ることができるのだ。ここでのイザナキは、その意味で人類の代表でもある。イザナキは恐れを抱いたり、またそこから清浄な状態に戻ったりするが、これはイザナキは宇宙エネルギーそのものというよりは、「人」というもののある原型を定めるという役割をしているということではないかな。
恵梨子――そして、みそぎによってアマテラスとスサノヲが生まれますが、スサノヲは秩序を乱していきますね。

森本――これは大きな枠組みとしては、エネルギーの更新ということがらを語っていたのだね。スサノヲは制御を失った状態のエネルギーだった。これがいわゆる破壊というものを世界にもたらしていく。ところがアマテラスは天の石屋に隠れ、そしてまた呼び戻されることによって、その圧倒的な力を見せつけるという結果になった。

恵梨子――そこで重要なのが「笑い」の力だったんですね。

森本――私たちもエネルギーを定期的に更新していかねばならないのだね。エネルギーが落ちてしまったり乱れてしまうのは、スサノヲ的な状態になったり、石屋隠れの状態になってしまったということなのだ。それをまた本来の状態に戻す。そのように更新された時にいっそうの輝きを増すことになるわけだ。

恵梨子――それから、太陽というものがエネルギー次元においてはとても霊的な存在である、ということも示唆されましたね。

森本――そう、太陽を思い描くことによって、私たちは純粋な宇宙生命エネルギーとつながることが可能だ、ということもありそうだね。ちなみに太陽の力は鏡の中に封じ込められたのだった。

恵梨子――そしてオホゲツヒメの大地母神の話をはさんで、スサノヲによるヤマタノヲロチ退治の話になります。そこでヲロチが退治されて剣を得ることになります。

森本――剣とは、闇を克服する、不浄なものを切るという働きをするエネルギーを象徴するのだった。スサノヲは、自分自身が持っていた闇の部分を象徴するヲロチに知恵でもって打ち勝ち、自分のエネルギーを変容する。その勝利とはいわばスピリチュアルな勝利だ。

恵梨子——敵というよりは、自分に打ち勝つということでしょうかね。

森本——そうそう、それで、鏡・剣・玉がそろうが、これは宇宙エネルギーが三つの方向に流れていって一つの統合を形作っていることになる。これは人類が抱くべき普遍的価値を表しているのかもしれないね。

恵梨子——そのバランスの感覚がすばらしいですね。それから、スサノヲは地上の出雲に秩序をもたらしたということですけれど、スサノヲも宇宙人として地球に降り立ったという意味でしょうかね?

森本——さあどうかな(笑)。地球も宇宙エネルギーからできていることはまちがいないのだけれども、どうも古事記での発想は、まず地球世界ができており、そこに天界から降りてきて国を作っていく、というイメージがあるね。

恵梨子——オホクニヌシはその地球世界をだんだん作っていき、天界から降りてくる存在を迎える準備をしたことになりますね。

森本——まあ、そう言うと、いかにもぶっ飛び神話を語っているみたいに聞こえてしまうが、実際、古事記はそういうふうに発想していることはたしかなんだね。つまり、人類は宇宙から来て地球に住み着いた、と言っているみたいなんだ。

恵梨子——オホクニヌシたちは先住民ですよね、いわば。

森本——そういうふうに想像するのが楽しいかどうか、という問題かもしれない(笑)。とんでもない、けしからんという人はそれでいい。ただ結局、人類の起源、私はなぜここに存在するかという問いには、神話の形でしか答えようがないんだよ。どこにも「唯一の正しい解答」などはない。絶対確実な問いを探し求めるのは時間のむだというものだ。ただ私がここで言いたいのは、私たちは今や、「自分の神話」を語る権利を持つ、ということだ。自分の起源について、どこかの専門家の意見に従わなければいけないということはないんだ。いっしょうけんめい科学の最新理論を追いかけなければいけないということもない。もっと自由に考えてもいいのだ。そういう前提で言うとね、いまここに私があることが、宇宙根源と結びついているということを語る神話を信じることは許されるだろう。私は宇宙から来たという神話を持つことは許されるだろう……そういう話だね。もちろん、「私は地球の子である」というタイプの神話によって生きたいというのなら、それはまったく自由である。それもまたある意味では正しいし、また究極的にはそれも幻想である、ということだ。しかし古事記の神話は、明確に、私たちは宇宙から来たというタイプの神話を語っている、ということだね。地球は、私たちが来る前に、何かの存在によって準備されていた。私たちはその存在を尊重しつつ、地球に住まいを定めることとなった……こういうふうに言ってみるのも、一つの神話だ。つまり古事記の神話をまた別の神話として語り直したものだ。しかし結局、神話を語るとはどこまでいっても、違うバージョンの神話を語ることでしかない。神話はまた別の神話によって語り直されるのだ。

恵梨子――ということは……その「神話」に従えば、私たちはもともと宇宙にいた存在であり、地球に属しているものではないことになりますね。そうすると私たちは、いつか、また宇宙に帰って行くのでしょうか……？

森本——「ＥＴ」の映画みたいにねえ、そうなるのかもしれないよね。もうわかっていると思うが、それが「正しい」わけではないんだよ。

恵梨子——それはわかります。

森本——「正しさ」を求めるゲームをやめて、創造的なアートみたいなものとして楽しむということだ。それが神話とのつきあいかたではないのかな。それならば、自分が思い描くことのできる最も輝かしいストーリーを描いてみたらどうかな。それを語り続ければ、それが「現実」となるかもしれない。

恵梨子——輝かしいストーリー……それが、天孫降臨みたいなものですか？

森本——そう、私たちが輝かしい希望を抱いて、まだ若い地球に降り立ったと想像してみるのさ。そういうイメージから感じられることが、かつてこの神話が語られたときに、人々の心に感じていたものに近いかもしれないよね（確証はないけれど）。私たちはもともと、輝かしい存在である。かの光輝くアマテラスの孫として地上に降り立ったのである、ということだ。そう考えると、この神話のもっともよき部分を感じられるのではないかな……。天皇の絶対化とか、そういうことはあくまでその当時の人々の制約された思考でそのようにとらえられたにすぎない。その点はまねる必要はまったくない。むしろ、神話を読むことによって、いま「常識」として考えられている視界を、どれだけ広げられるか、ということが問題ではないのかな？

恵梨子——あと私は、今までで気になったことが一つあったんですが……。

森本——何かな？

恵梨子――それはオホクニヌシが、助けを借りて試練をやすやすと超えてしまったという話なんですが、そこで助けてくれる「神秘的助力者」って何だろうと思ったんですね。で、もしかしてこれはいわゆる「天使」が助けてくれるというふうにも言えるのかな、と思って。

森本――うん、それもまた別の神話に読み替えていることになるから、そう思いたければ思っていいんだよ。

恵梨子――それで、人間界では、努力して何かを達成するのが大事というような価値観がありますが、この神話では完全に「ずる」をしてるんですよね。つまり、努力しなくてもいいんでしょうかね？

森本――それを別の神話的な言い方で語れば、「宇宙のエネルギーにのっていれば必ず助けがやってきて、ことは簡単に運んでいく」というふうに言えるかもしれない。

恵梨子――努力する必要はないことになりますね。

森本――「苦痛を経験しなければ大事なものは得られない」という教訓は、この神話には含まれていないね。それは明らかだ。むしろ、「助け」に対してオープンでいることを勧めているような気がする。助けというのは宗教的な言葉で言えば「恩恵」になるかな。宇宙から注がれている恵みのエネルギーにつながる、というような意味だね。そのエネルギーを「神」として理解しても、あるいは「天使」として表象しても、それは受け取る側のフィルターの問題だから、どちらでもいいことだ。

恵梨子――そうですね。いずれにしても、そういうエネルギーが「ある」ということは言えるのですね。
森本――そう、この神話をめぐる対話において、最も基本的な姿勢は何であったかと言えば、それは、「神々とはある意味ではリアルである」ということだった。つまり神々は、人間が作り上げた幻想ではないということだ。そこには何かのエネルギー的なものがたしかにある。ただそれを受け取るときにある特定の形をイメージするので、そのイメージそのものは受け取る側のフィルターによって決まってくる。いわば「翻訳」なのだということ。その意味では、「向こう側」と「こちら側」の共同作用によってできているのが、神という形象なのだ。当然それは、受け取る側が変化すれば変わってくるだろう。これまでの歴史において、神々のイメージもいろいろ変わってきたしね。また、仏教での存在やキリスト教のイエスや天使なども一緒に受け入れてもいっこうにかまわない。そういう多神教的風土はむしろ歓迎すべきことだ。ただ、それら多様なるものを統一するものがあるのだ。それは、多くの神々はすべて根源の一神から発しているということだ。私たちが、宇宙のいちばん始まりの話をあれほど長く語ったのも、その根源こそが最も大事なところだからだ。その根源の一神がなければ、すべてを統一する原理はないし、宇宙を完全に理解することはできなくなると思うね。
恵梨子――その根源の一神が、宇宙生命エネルギーなんですね。
森本――根源は、そのエネルギーの出てくるさらに源……かもしれない。それはもう何とも言いようがない。密教ではそれを大日如来と呼ぶし、中国ではそれのことを「道《タオ》」という名前で呼んでいたのだが……その根源を口で言い表すと「うそ」になることは百も承知だ。しかし、それを承知で、それについての「お話」を語り続けることは可能だろう。宇宙はすべてそこに発し、おそらく、そこへ帰る。私たちもそこに由来し、またそこへ帰る。すべてはその「一」から発する……そのことを忘れなければ、私たちはそこから自由に想像の翼をはためかせ、無限の可能性へ向かって進むことができるような気がする。その、「すべてが一つである」という直観が、神話から読み取ることのできる最大のものかもしれないね。

恵梨子——そして、私たちはその根源とつながっている、ということですね。

森本——そのことが、私たちに最大の希望を与えてくれるものなんだろうね。

文献案内

ここでは、読者が実際に古事記を読んでいこうという時に参考になりそうな本、そして本書で表現された思想を理解する上で参考になりそうな本を紹介する。

古事記テキスト

『古事記（日本の古典を読む1）』山口佳紀、神野志隆光　小学館

原文も参照しつつ古事記のテキストを読みたいという人にまずすすめられる。現代語訳のうしろに原文書き下しつき。全訳ではないが、神話の部分はほとんど収録されている。新編日本古典文学全集版をもとにしている

『からくり読み解き古事記』山田永、おのでらえいこ　小学館

原文と現代語訳とを対照し、原文の横にも注釈がついているので、原文をこれから読もうという人には最も読みやすい。ただし、収録されている部分は多くなく、のっている部分でも途中に省略

がある。神話のほかヤマトタケル伝説などものっている。

『新編日本古典文学全集1　古事記』山口佳紀、神野志隆光　小学館

全文を読みたい人はこちら。注釈・原文・現代語訳が三段になって載っている。なお、日本神話というと日本書紀・風土記を含むことが多い。それもこのシリーズで読める。

『古事記　新潮日本古典集成第27回』西宮一民　新潮社

現代語訳はないが、原文の横に語注がつくスタイルなので、ある程度古文を読み慣れている人には、新編日本古典文学全集版より読みやすいかもしれない。なお、古事記の原文の書き下しは、版によって違うのが普通なので、新編日本古典文学全集版と同じではない。

『口語訳古事記——神代篇』三浦佑之　文春文庫

口語訳として定評のあるもの。古老の語りというスタイルを取っているのはユニークである。そのぶん、癖があるとも言えるので好みは分かれるかもしれない。原文はのっていない。詳しい注釈つき。

『新釈古事記』石川淳　ちくま文庫

文学者による自由な現代語訳。

『現代語訳　古事記』福永武彦　河出文庫
これも文学者による現代語訳。

『まんがで読む古事記』久松文雄　青林堂
古事記をまんが化したものは多くあるが、そのうち最も読みやすく、癖もないのでおすすめできる。分冊になっている。

本書の思想を理解する参考となる本

『スピリチュアル哲学入門――魂と宇宙の根源へ向かって』菅原浩　アルテ
「自分がここにあることの謎」から出発して、世界の存在についてスピリチュアルな視点から思想を展開しているもの。

『魂のロゴス――スピリチュアル思想を超えて』菅原浩　アルテ
「魂」が存在するという直観から、世界の構造について思索を展開している。「超近代的な世界ヴィジョン」の創造を意図している。

『忘れられた真理――世界の宗教に共通するヴィジョン』ヒューストン・スミス（菅原浩訳）アルテ
世界の宗教に共通するスピリチュアルな本質を明らかにした書。ヒューストン・スミスはこの分野の大御所である。

「霊性哲学の表現としての普遍神学の構想」菅原浩（『人体科学』第十七巻第一号、二〇〇八年六月）

著者の構想する「普遍神学」の全体的な構想についてまとめた論文である。

「微細エネルギーと形相性の問題（1）――spirit の新しい概念のために」菅原浩（『人体科学』第十八巻第一号、二〇〇九年五月）

「微細エネルギーと形相性の問題（2）――spirit の新しい概念のために」菅原浩（『人体科学』第十九巻第一号、二〇一〇年五月）

宇宙生命エネルギーについて歴史的な観点も加味して論じた論文である。

神話論として本書に比較的近い立場に立つものとしては次のものがある（あくまで「比較的」であるが）。

『千の顔をもつ英雄』上・下　ジョゼフ・キャンベル（平田武靖ほか訳）人文書院

『神話の力』ジョゼフ・キャンベル（飛田茂雄訳）早川書房

キャンベルは、スピリチュアルな方向で神話を読み解くという神話学者。一世を風靡したが、アカデミックな研究者にはあまり受け入れられていない。今ある中では、本書のスタイルに比較的近い神話論である。学者というよりも思想家として見ることができる。本はひじょうに読みやすい。

本書の中でも触れたエリアーデについては、

『永遠回帰の神話――祖型と反復』M・エリアーデ（堀一郎訳）未来社

エリアーデの神話論の基本となるもの。

『生と再生――イニシエーションの宗教的意義』M・エリアーデ（堀一郎訳）東京大学出版会

このテーマを扱ったものとしては定番。本書では「死と再生」のテーマとして触れた。

興味がわけばさらに「エリアーデ著作集」（せりか書房）などほかの本に進んでみるとよい。

『シャーマニズム』上・下　M・エリアーデ（堀一郎訳）ちくま文庫

シャーマニズムについてはまずこれを参照するとよい。

『文化と両義性』山口昌男　岩波書店

一世を風靡した著者による、記号論・構造論に立つ文化論で、王権についても語っている。「秩序／混沌」のダイナミックな関係として文化を読み解く。二元性について示唆を与えるものなので、限界はあるが知っておくと役に立つ考え方である。

さらに、スピリチュアルな思想への手引きとしては、次のものがある。

『意識と本質』井筒俊彦　岩波文庫

日本人は井筒俊彦の思想から入るのがわかりやすいだろう。この本はその代表作である。話題のテーマは狭くなるが『イスラーム哲学の原像』（岩波新書）も理解しやすい。

Seyyed Hossein Nasr. *Knowledge and the Sacred*, State University of New York Press
日本語の訳は今のところないが、現代にスピリチュアルな思想を再構築しようとする思想家であり、欧米での評価が高い。アカデミックなスタイルで書かれている。

古事記についての参考書

古事記（日本神話）についての理解を深めるための本を何冊か紹介する。なお、神話の内容を図解で表したムック本などが多数出ているが、どれも内容に大差はないので、書店で見て選んでいただきたい。

『古事記を読みなおす』三浦佑之　ちくま新書
最新の古事記の解説書である。

『古事記の世界』西郷信綱　岩波新書
古事記の構造を読み解いたものとして古典となっている。

『古事記の起源――新しい古代像をもとめて』工藤隆　中公新書
最新の研究を取り込んでいる。神話の古い形を探究している。

『日本神話の源流』吉田敦彦　講談社学術文庫
日本神話を他の神話と比較して、源流を探究したもの。
『中西進著作集〈3〉日本神話の世界・神話力・神々と人間』中西進　四季社
神話的想像力について語っていて参考になる。単行本三冊分。
『日本神話事典』吉田敦彦、青木周平、西条勉、寺田恵子　大和書房
日本神話について調べるときに便利。各項目ごとに参考文献も（やや古いが）ついている。
『日本神話の研究』松村武雄　培風館
日本神話研究の金字塔と言われる大部な本格的研究書。全四冊。
『古事記注釈』全八巻　西郷信綱　ちくま学芸文庫（筑摩書房）
最も詳細な古事記の注釈書である。
『中西進著作集〈1〉古事記をよむ1』『中西進著作集〈2〉古事記をよむ2』中西進　四季社
こちらも注釈書として有益。

あとがき

本書は、古事記のテキストを題材にしてスピリチュアルな思想を展開しようとした書物である。アカデミックな神話学や古事記研究への入門を意図したものではない。つまり初めから「近代的な知の秩序」とは異質なところから出発している作品である。というのも、神話学といい、また宗教学といい、本来扱う内容が近代世界の地平を超えたものであるのに、それを近代的な知の秩序で理解しようとしてもしょせんは限界があるからだ。そうした常識を踏み出してこそ見えるものがある。

古い時代のキリスト教の神学者たちは、聖書のテキストを注釈するという形で、自分の霊的思想を表現した。本書はそのようなスタイルを取るものである。

古事記にはスピリチュアルなメッセージが含まれている。そういう前提でこの作品は古事記のテキストを読んでいる。それは「正しさ」というよりも、そこからどのような「深み」をすくい取ることができるか、という問題意識によって導かれている。これはむしろ『魂のロゴス』『スピリチュアル哲学入門』と続く私自身の思想展開を、神話というフィールドにおいて継続するものだとも言える。

本書の中にも古事記神話のストーリーを紹介しているが、できれば、原文もついている古事記のテキスト（文献案内に紹介してある）を用意して参照していただくと、理解が深まるものと思う。

なお、古事記は上・中・下の三巻に分かれており、神話が書かれているのは上巻であり、中巻以降は主に初期の天皇についての話である。本書では上巻の神話のみをとりあげ、またその全部をカバーしてはいないことをお断りしておく。現代語訳は私がおこなったが、なるべく原文のリズムを尊重している。回りくどい言い回しが出てくるのは、もともとそう書いてあるからである。

この読みはあくまで思想的表現として提示されているので、その受け取り方については読者の自由に委ねたいと思う。ただ、現代の日本では、神話に含まれるスピリチュアルな意味を考えるという習慣がまだ作られていないように思われる。古事記はひそかなブームとなっており、日本神話を解説する書物はたくさん出されているが、その思想的な読み解きというジャンルのものは少ない。本書は、古事記の神話を「文字通りの真実」とするのではなく、また「愛国主義」的な傾向とも異なり、普遍的なスピリチュアルな真実をそこに見ようとしている。

ここで表現される思想は「正しさ」を主張するものではなく、読者のうちになんらかのヒントやきっかけを生み出すための媒体として考えていただきたい。少しでも参考になるところだけを取り、それ以外は無視していただいてかまわない。ただ、既成の概念にとらわれず、自由な発想でお楽しみいただければ幸いである。

二〇一一年九月

菅原　浩

◆著者

菅原　浩（すがはら　ひろし）

1959年、埼玉県生まれ。東京大学大学院博士課程単位取得満期退学。学術修士。現在、長岡造形大学教授。表象文化論、神話学、比較宗教論などの研究を経て、現在は、霊性的思想の現代的再創造に取り組んでいる。著書に『スピリチュアル哲学入門――魂と宇宙の根源へ向かって』『魂のロゴス――スピリチュアル思想を超えて』（アルテ）、訳書に『忘れられた真理――世界の宗教に共通するヴィジョン』（アルテ）。ブログ http://reisei.way-nifty.com/

古事記の神々を読み解く　――スピリチュアル神話学入門

2011年10月25日　第1刷発行

著　者　菅原　浩
発行者　市村　敏明
発　行　株式会社　アルテ
〒170-0013　東京都豊島区東池袋2-62-8
BIGオフィスプラザ池袋11F
TEL.03(6868)6812　FAX.03(6730)1379
http://www2.plala.or.jp/arte-pub/
発　売　株式会社　星雲社
〒112-0012　東京都文京区大塚3-21-10
TEL.03(3947)1021　FAX.03(3947)1617
装　丁　Malpu Design（清水良洋＋大胡田友紀）
印刷製本　シナノ書籍印刷株式会社

ISBN978-4-434-16071-4 C0014